Jaster / Lanius | Die Wahrheit schafft sich ab

[Was bedeutet das alles?]

Romy Jaster / David Lanius

Die Wahrheit schafft sich ab

Wie Fake News Politik machen

Reclam

3. Auflage

RECLAMS UNIVERSAL-BIBLIOTHEK Nr. 19608
2019 Philipp Reclam jun. Verlag GmbH,
Siemensstraße 32, 71254 Ditzingen
Gestaltung: Cornelia Feyll, Friedrich Forssman
Druck und Bindung: Kösel GmbH & Co. KG,
Am Buchweg 1, 87452 Altusried-Krugzell
Printed in Germany 2019

ISBN 978-3-15-019608-3

Auch als E-Book erhältlich

www.reclam.de

Inhalt

Einleitung

Seit dem Erscheinen von Thilo Sarrazins Bestseller *Deutschland schafft sich ab* im Jahr 2010 ist in Deutschland etwas ins Rutschen geraten. Bis zum heutigen Tage wurde das Buch über 1,5 Millionen Mal verkauft und in Feuilletons, Talkshows und dem Internet lang und breit diskutiert.[1] Vielen gilt das Erscheinen des Buches als Zäsur.

Im Verlauf der Debatte wurde deutlich: Ein Teil der Gesellschaft fühlte sich dem politischen Mainstream nicht mehr zugehörig und von den Volksparteien nicht mehr vertreten. Sarrazin war auf einen Schlag zum Ventil und Sprachrohr all jener geworden, die grundlegend unzufrieden waren »mit den Zuständen im Land, mit der Einwanderung und den Muslimen«. Und die Unzufriedenen stellten fest: »Wir sind viele!«

Der Feind, das sind die Eliten. Sarrazin, so der Historiker Volker Weiß, inszeniert sich meisterhaft als »Widerstandskämpfer gegen eine angeblich gleichgeschaltete öffentliche Meinung«. Viele sind ihm gefolgt. Heute sprechen Politiker der Alternative für Deutschland (AfD) von einer »Gegenöffentlichkeit«, die sich formiert habe – und greifen damit, ob bewusst oder unbewusst, einen zentralen Begriff der 68er-Bewegung auf.[2] Ihre Diskurse spielen sich seit Sarrazins schriftstellerischem Durchbruch und dem Aufstieg der AfD zunehmend sowohl im Internet als auch im öffentlichen Raum ab: Man will sich darüber austauschen, was schiefläuft im Land.

Die bisherigen Leitmedien haben bei diesen Menschen einen schlechten Stand.[3] »Lügenpresse, halt die Fresse!« ist ein beliebter Schlachtruf, wenn sich der Ärger der Unzufriedenen auf Protesten Luft macht. Medienvertreter werden als willfährige Gehilfen der Politik gesehen – gleichgeschaltet und von oben gesteuert.

Im Zusammenspiel mit den uneingeschränkten Sendungsmöglichkeiten des Internets hat sich diese Mischung aus Unzufriedenheit, politischer Heimatlosigkeit und Medienverachtung als hochexplosiv erwiesen. Menschen können sich im Netz ungebremst in Rage reden, sich gegenseitig in ihren Ansichten bestärken, korrigierende Einflüsse ausblenden und sich immer tiefer in eine Weltsicht hineinsteigern, durch die sie sich zunehmend vom Rest der Gesellschaft entfernen.

In diesem Klima florieren Falschmeldungen und Irreführungen: Wenn die Standards für gute Berichterstattung selbst in Misskredit geraten, Menschen sich in den sozialen Medien über die Geschehnisse in der Welt informieren und die Leitmedien ihre *Gatekeeper*-Funktion (deutsch: Torwächter-Funktion)[4] verlieren, dann haben Fake News leichtes Spiel.

Die Verunsicherung, die Fake News auslösen, ist immens. Weltweit glaubt über die Hälfte der Menschen, von der Politik in die Irre geführt zu werden. In den USA sind immer mehr Menschen davon überzeugt, dass die großen Zeitungen und Fernsehsender politisch motivierte Falschmeldungen verbreiten.[5] In Deutschland ist das Problem weniger dramatisch. Doch auch hierzulande ist fast jeder Dritte überzeugt, häufig oder regelmäßig Opfer bewusster Falschmeldungen zu sein. Zugleich zeigt sich ungefähr die Hälfte der Deutschen unsicher, wie man Fake News von richtigen Nachrichten unterscheiden könne.[6]

Dazu kommt: Immer mehr Menschen haben Schwierigkeiten, sich in der Fülle der verfügbaren Informationen zurechtzufinden. Im Internet sucht sich jeder seine »eigene Wahrheit« – und wird fündig. Fake News sind immer nur einen Klick entfernt. Kaum jemand nimmt sich mehr die Zeit, sich umfassend zu informieren. Fake News finden daher im Internet ihr perfektes Habitat.

Die durch Fake News hervorgerufene Verunsicherung spielt jenen in die Hände, die ein Interesse daran haben, Angst, Desinformation und Chaos zu verbreiten. Alternative Nachrichtenkanäle und Internetseiten bringen gezielt und mit großem Erfolg Unwahrheiten in Umlauf. Wenn gesamtgesellschaftliche Gewissheiten erodieren, wenn Menschen sich fragen, wem sie noch trauen können, wenn Staat, Wissenschaft und Leitmedien ihre Informationshoheit verlieren, dann bilden sich soziale Parallelwelten, die neue Machträume eröffnen. Wer es schafft, Chaos anzurichten, der schwächt damit seinen Gegner. Fake News werden gezielt eingesetzt, um Politik zu machen.

Doch von wem? Die Antworten fallen unterschiedlich aus, je nachdem, in welchem politischen Lager man fragt. Auf der einen Seite verleiht der US-Präsident Donald Trump seit Januar 2017 einen Preis für Fake News,[7] um die Berichterstattung einzelner US-amerikanischer Medien zu brandmarken, und die AfD bekämpft mit den Schlagworten »Fake News« und »Lügenpresse« die Leitmedien.

Auf der anderen Seite rufen die großen Medien und auch viele kleinere Organisationen Faktenchecks ins Leben, um der Flut an Fake News aus dem rechten Spektrum Herr zu werden: Die Zeitungen *Guardian* und *New York Times* dokumentieren akribisch die Falschaussagen Trumps, während der *Faktenfinder* der ARD und das unabhängige Recherchezentrum *Correctiv* die der AfD sammeln und richtigzustellen versuchen.

Doch obwohl der Begriff in aller Munde ist, herrscht wenig Einvernehmen darüber, was Fake News überhaupt sind. In den Medien und in wissenschaftlichen Veröffentlichungen häufen sich die unterschiedlichsten Definitionen und Charakterisierungen.

In jüngster Zeit sind daher Zweifel an der Brauchbarkeit des Begriffs aufgekommen. Claire Wardle, Forschungsdirektorin am *Tow Center for Digital Journalism* der *Columbia University* in New York, hält den Begriff »Fake News« für wenig hilfreich – selbst dann, wenn man ihn in Anführungszeichen verwendet.[8] Der Gründer und Chef der US-amerikanischen Faktencheckseite *Snopes*, David Mikkelson, nannte den Begriff sogar »nutzlos« und warb dafür, sich eine neue Begrifflichkeit auszudenken.[9] Während das *Oxford Internet Institute* inzwischen lieber von »Junk News« spricht,[10] empfiehlt das Unterhaus des britischen Parlaments die Rede von »Fake News« ganz aufzugeben: »Fake News« könne dem Bericht des Hauses zufolge derartig viele verschiedene Phänomene benennen, dass es besser sei, ganz allgemein von »Desinformation« zu sprechen.[11]

Klar ist aber auch: Will man den Einfluss von Fake News messen, diskutieren oder eindämmen, helfen Anführungszeichen oder ein neuer Name nicht weiter. Bevor man den Schaden von Fake News abschätzen und praktische oder juristische Gegenmaßnahmen ergreifen kann, muss man wissen, womit man es zu tun hat. Unabhängig davon, wie man das Phänomen benennt, ob man von »Fake News«, »Junk News« oder einer speziellen Art der »Desinformation« redet: Es führt kein Weg daran vorbei, sich zunächst mit dem Phänomen selbst zu beschäftigen, es zu analysieren und möglichst genau zu umreißen.

Fake News, so viel steht fest, haben irgendwie mit irreführender Berichterstattung zu tun, mit Falschmeldungen und Verschwörungstheorien, Desinformation und Propaganda, mit journalistischen Fehlern, Fahrlässigkeit und einer problematischen Haltung zur Wahrheit, mit der Digitalisierung, den sozialen Medien und mit mazedonischen Teenagern, die mit erfundenen Netzinhalten auf Klicks und Profite abzielen. Und natürlich haben Fake News mit dem globalen Aufstieg der Rechtspopulisten und der »Ära Trump« zu tun, in der »Fake News« als politischer Kampfbegriff verwendet wird, um unliebsame Berichterstattung zu diskreditieren.

Das Problem, vor das uns Fake News stellen, ist komplex. In diesem Buch werden wir die unterschiedlichen Dimensionen des Problems nach und nach ausleuchten. Am Ende des Buches wird klar geworden sein, was Fake News sind, wieso sie im Zeitalter der Digitalisierung leichtes Spiel haben, wer sie aus welchen Gründen verbreitet und was man ihnen entgegensetzen kann. Beginnen wollen wir mit einem Überblick über den erstaunlichen Erfolg, den Fake News in den letzten Jahren zu verzeichnen hatten. Denn was sich in Deutschland als Reaktion auf Sarrazins Bestseller gezeigt hatte, war Teil eines globalen Trends.

1. Die Erfolgsgeschichte von Fake News

Kaum ein Jahr ist für die Geschichte von Fake News so bedeutsam wie das Jahr 2016. Gleich zweimal binnen zwölf Monaten beeinflussten Falschmeldungen und irreführende Berichte wichtige politische Wahlentscheidungen und damit das Leben von Millionen Menschen.

Am 23. Juni sollten die Wählerinnen und Wähler in Großbritannien darüber abstimmen, ob das Vereinigte Königreich die Europäische Union verlassen sollte oder nicht. Fast alle Experten hielten es für undenkbar, dass die Briten sich für einen Austritt entscheiden könnten. Doch als am Morgen des 24. Juni die Stimmzettel ausgezählt waren, hatte eine knappe Mehrheit für den »Brexit« gestimmt.

Kein halbes Jahr später, am 8. November, wählten die Amerikaner völlig überraschend Donald Trump zum 45. Präsidenten der USA. Wieder hatte kaum ein Experte oder Meinungsforscher den Erfolg Trumps für möglich gehalten.

Sowohl Trump als auch die Brexit-Kampagne hatten *Cambridge Analytica* engagiert, eine Agentur, die im Internet gezielt Menschen aufgrund ihrer Interessen und Neigungen mit politischer Werbung ansprach.[1] Gleichzeitig verbreitete sich sowohl in den traditionellen Medien als auch im Internet eine Vielzahl von Unwahrheiten. Falsche und irreführende Meldungen fluteten die Newsfeeds.

Fake News in der Brexit-Kampagne

Nigel Farage, der damalige Chef der britischen Independence Party und eine der Schlüsselfiguren der Brexit-Kampagne, ließ kurz vor dem Brexit-Votum Plakate kleben, auf denen eine große Menge arabisch aussehender Menschen zu sehen war.[2] Darunter stand der Slogan: »We must break free of the EU and take back control of our borders«. Das Plakat sollte suggerieren, eine große Masse arabischstämmiger Wirtschaftsmigranten sei im Begriff, nach Großbritannien zu strömen. Tatsächlich zeigte das Bild jedoch Flüchtlinge, die die Grenze zwischen Kroatien und Slowenien überschreiten.

Handfeste Lügen verbreitete ein Bus der Brexit-Kampagne, der vor dem Referendum durch Großbritannien rollte. Jede Woche, so stand dort in großen Lettern zu lesen, würden im Falle eines EU-Austritts 350 Millionen Pfund in den nationalen Gesundheitsdienst zurückfließen – Geld, das die britische Regierung bis dato angeblich wöchentlich nach Brüssel überwiesen hatte. Während Nigel Farage später zugab, eine falsche Zahl verbreitet zu haben, wiederholte der konservative Politiker und Brexit-Befürworter Boris Johnson bis zuletzt die Falschinformation und bezeichnete den Betrag sogar als zu niedrig.[3]

Trump und Fake News

Auf die Spitze getrieben wurde die Missachtung der Wahrheit im kurz darauf folgenden US-Wahlkampf. Donald Trumps Tweets über steigende Mordraten, vergewaltigende Mexikaner, Chinas Erfindung des Klimawandels, die Besucherzahlen bei seiner Amtseinweihung oder massenhaften Wahlbetrug zugunsten seiner Rivalin Hillary Clinton umfassen inzwischen Tausende nachweisbarer Falschaussagen. Immer wieder befeuerte Trump das Gerücht, Clinton sei gesundheitlich ungeeignet für die Präsidentschaft. Zudem trug er maßgeblich zur Verbreitung der sogenannten »Birther-Verschwörungstheorie« bei, der zufolge sein Vorgänger im Präsidentenamt, Barack Obama, kein amerikanischer Staatsbürger sei. Auch als Präsident ist Trumps Umgang mit der Wahrheit bis heute so lax, dass Journalisten in Washington verzweifeln. So sagte Zachary Wolf, der Digital Director von CNN Politics, in einem Interview: »Das ist es, was es so schwierig macht, über Trump zu berichten: Was meint er, wenn er Worte sagt?«[4]

Auch Trumps Anhänger verbreiteten Fake News und Verschwörungstheorien. Ein besonders extremes Beispiel ist die sogenannte »Pizzagate-Verschwörung«: Der Legende nach waren Mitglieder der Demokraten und die Besitzer einer Washingtoner Pizzeria in die Geschäfte eines Kindersexrings involviert. Die erfundene Geschichte wurde vom Verschwörungstheoretiker Alex Jones auf seiner Seite *Infowars* und einer Reihe weiterer, überwiegend russisch geführter Webseiten geteilt. Sie erregte unter anderem deshalb großes Aufsehen, weil der Fall einen bewaffneten Zivilisten auf den Plan rief, der in der fraglichen Pizzeria auftauchte, um auf eigene Faust Ermittlungen anzustellen.[5]

Der Hunger nach Fake News, Verschwörungstheorien und anderen Falschinformationen war groß in dieser Zeit. Im Laufe des Wahlkampfes wurde offensichtlich, dass deren Verbreitung nicht nur politisches, sondern auch erhebliches kommerzielles Potenzial hat. Ein Großteil der Fake News zum US-Wahlkampf 2016 kam aus Osteuropa. Das kleine Dorf Veles in Mazedonien machte aus der Erfindung und Verbreitung von Fake News ein florierendes Geschäftsmodell und verdiente mit Pro-Trump-Webseiten Tausende Dollars.[6]

Und die Tatsachen? Die hatten es schwer gegen die emotionsgeladenen Falschmeldungen. Trump und sein Team vertraten sogar ganz offen den Standpunkt, Gefühle seien wichtiger als Fakten. Symptomatisch dafür ist die Diskussion des republikanischen Politikers Newt Gingrich und der Journalistin Alisyn Camerota über die niedrigen Verbrechensraten in den USA:[7]

CAMEROTA. Das Land ist sicherer, und [die Verbrechensrate] ist niedrig.

GINGRICH. Nein, das ist Ihre *Meinung*.

CAMEROTA. Es ist eine Tatsache.

GINGRICH. Nein. Was ich gesagt habe, ist auch eine Tatsache. […] Die derzeitige Ansicht ist, dass Liberale eine ganze Reihe von Statistiken haben, die theoretisch richtig sein mögen, aber nicht dort, wo Menschen sind. Die Leute haben Angst. […]

CAMEROTA. […] Mr. Speaker, Sie sagen, indem Liberale diese Zahlen verwenden, verwenden sie eine Art magischer Mathematik. Aber das ist die FBI-Statistik. Das FBI ist keine liberale Organisation.

GINGRICH. Nein, aber was ich gesagt habe, ist ebenso wahr. Die Leute fühlen es.

CAMEROTA. Sie *fühlen* es, ja, aber die Fakten unterstützen es nicht.

GINGRICH. Als politischer Kandidat werde ich mich daran halten, wie sich die Menschen fühlen. Halten Sie sich gern an die Theoretiker.

Ähnlich selbstbewusst wie Gingrich präsentierte Trumps Beraterin Kellyanne Conway den offen nachlässigen Umgang des Trump-Teams mit der Wahrheit. In einem Interview wurde Conway auf eine falsche Aussage von Trumps Pressesprecher Sean Spicer angesprochen. Dieser hatte behauptet, es seien mehr Besucher auf Donald Trumps Amtseinweihung gewesen als auf der von Barack Obama. Mit der Lüge konfrontiert, antwortete Conway, Spicer habe mit seiner Aussage lediglich »alternative Fakten« angeboten.[8]

Trump selbst begegnet seit seiner Wahl Fake-News-Vorwürfen, indem er den Spieß umdreht und seinerseits sowohl einzelne Berichte als auch ganze Medienhäuser wie CNN und MSNBC als »Fake News« bezeichnet. Einen vorläufigen Höhepunkt fanden diese Entwicklungen, als Trumps Anwalt Rudy Giuliani in einem Interview den bemerkenswerten Satz »Truth isn't truth« von sich gab.[9]

Die Lage in Deutschland, russische Einflussnahme und linke Fake News

Gingrich und Conway sind mit ihren verstörenden Ansichten über die Rolle der Wahrheit in der Politik nicht allein. Auf beiden Seiten des Atlantiks sprechen immer mehr Politiker von »gefühlten Wahrheiten«, die wichtiger seien als die objektiven Tatsachen.

In Deutschland lassen sich bei der AfD etliche Nachahmungen des Trump'schen Vorgehens entdecken. Zum Beispiel verteidigte sich der Berliner AfD-Politiker Georg Pazderski in einer Fernsehsendung des RBB auf die Frage, warum er von steigenden Kriminalitätsraten unter Ausländern rede, obwohl es dafür keinerlei Anhaltspunkte gebe, mit den Worten: »Das, was man fühlt, ist auch Realität.«[10] Wie Trump, Gingrich und Conway bedient sich die AfD unhaltbarer Provokationen und irreführender Stereotype, um im Zentrum der Aufmerksamkeit zu bleiben – ungeachtet der Wahrheit der Aussagen.

Immer wieder ist dabei eine Art Schulterschluss zwischen der AfD und Russland zu beobachten. Ein Beispiel ist der Fall der 13-jährigen russischstämmigen Lisa, die im Januar 2016 auf ihrem Schulweg in Berlin-Marzahn verschwand. Zwar tauchte sie am nächsten Tag wieder auf; allerdings hatten ihre Eltern sie zu diesem Zeitpunkt bereits als vermisst gemeldet. Der Polizei gegenüber gab Lisa fälschlicherweise an, von »Südländern« vergewaltigt worden zu sein. Diese Falschinformation kursierte in den sozialen Medien auch dann noch weiter, als längst zweifelsfrei geklärt worden war, dass Lisa weder von Südländern noch von sonst irgendwem entführt oder vergewaltigt worden war. Mithilfe einiger russischer Staatsmedien verbreitete sie sich schließlich so weit, dass sich sogar der damalige russische Außenminister Sergei Lawrow einschaltete.[11]

Der Fall ist deshalb interessant, weil er zeigt, dass die Verbreiter von Fake News gut vernetzt sind und in manchen Fällen staatenübergreifend zusammenwirken. So verbreiten die russischen Staatsmedien RT (früher *Russia To-*

day) und *Sputnik* auch international strategische, politisch motivierte Desinformation: Vor der Präsidentschaftswahl in Frankreich im Frühjahr 2017 streuten sie beispielsweise Unwahrheiten über Emmanuel Macrons Privatleben, unter anderem, dass er homosexuell sei.[12] Dass Russland die Wahlen in Frankreich beeinflussen wollte, ist heute genauso gut belegt wie im Falle des US-Wahlkampfs wenige Monate zuvor.[13]

Natürlich sind Falschmeldungen, Verschwörungstheorien und Desinformation kein Alleinstellungsmerkmal russischer Propaganda-Medien und rechtspopulistischer Polit-Karrieristen. Auch im linksprogressiven Spektrum haben Fake News die Runde gemacht.

Zu Beginn der US-Wahlkampagne wurde beispielsweise ein Meme massenhaft geteilt, demzufolge Trump dem *People Magazine* 1998 gesagt habe, er würde im Fall einer Präsidentschaftskandidatur für die Republikaner antreten, weil sie die dümmsten und leichtgläubigsten Wähler hätten.[14] Im Gegensatz zu der Unmenge an Unglaublichkeiten, die Trump im Laufe der Jahre tatsächlich von sich gegeben hat, war dieses Zitat jedoch nur eine Erfindung.

Reaktionen und erste Maßnahmen

Die Fülle an Fake News hat etliche Reaktionen provoziert. Nahezu überall erörtern Diskussionsrunden und Think Tanks die Frage, wie man das Problem in den Griff bekommen kann. Forschungsprojekte versuchen, die Effekte von Fake News auf Politik und Gesellschaft zu bestimmen. Faktencheck-Organisationen tun ihr Möglichstes, Fake News durch Richtigstellungen beizukommen. Und dennoch: Obwohl Fachleute überall auf der Welt darum bemüht sind, Fake News zu bekämpfen, zirkulieren sie fröhlich weiter. Auf Facebook und Twitter sind Fake News sogar erfolgreicher als wahre Nachrichten; sie verbuchen mehr Interaktionen in Form von Likes, Shares und Klicks.[15]

Zwar sehen sich mittlerweile einige Internetkonzerne mit der Forderung konfrontiert, gegen Fake News vorzugehen. Ihr Erfolg jedoch ist mäßig. Das mag einerseits an einer gewissen Zögerlichkeit der Firmen liegen, in dieser Sache Geld in die Hand zu nehmen. Andererseits ist es nicht so einfach, unter Millionen von Nachrichten und Kommentaren Fake News zu identifizieren. Facebook etwa setzt spezielle Algorithmen ein und beschäftigt Hunderte Menschen, die von Hand das Netzwerk nach Falschmeldungen durchkämmen.[16] Darüber hinaus arbeitet das Unternehmen mit einer Reihe von Faktencheck-Organisationen zusammen. Bislang ist es jedoch weder Facebook noch den anderen Internetkonzernen gelungen, das Problem zu lösen.

Die Folgen konnte man vor der Bundestagswahl 2017 auch in Deutschland beobachten. Laut einer Untersuchung des Internetportals *Buzzfeed* waren im Wahlkampf vor allem erfundene Schlagzeilen über Angela Merkel erfolgreich.[17] Diese lauteten zum Beispiel: »Angela Merkel: Deutsche müssen Gewalt der Ausländer akzeptieren« oder »Manipulation: Merkel zensiert ARD-Tagesschau«.

Im Jahr der Bundestagswahl 2017 erhöhte die deutsche Politik daher den Druck auf die Internetkonzerne und erließ ein Gesetz, das Hetze und Fake News im Internet eindämmen soll. Das *Netzwerkdurchsetzungsgesetz* (NetzDG) verpflichtet die Anbieter sozialer Netzwerke darauf, transparent mit Beschwerden über rechtswidrige Inhalte umzugehen, diese innerhalb von sieben Tagen zu löschen und halbjährlich über die ergriffenen Maßnahmen zu berichten.[18]

Das Gesetz ist jedoch umstritten. Einige Journalistenorganisationen – darunter *Reporter ohne Grenzen* und der *Deutsche Journalistenverband* – sehen durch das Gesetz die Meinungsfreiheit gefährdet. Zugleich ist der Einflussbereich des Gesetzes begrenzt, da es nur jene Fake News adressiert, die einen Straftatbestand erfüllen, etwa Verleumdung oder Volksverhetzung. Die riesige Menge »einfacher« Lügen und Täuschungsversuche ist davon unbetroffen. Doch auch solche Fake News haben einen erheblichen Einfluss und werden zunehmend genutzt, um die Öffentlichkeit in die Irre zu führen.

Die fatalen Folgen von Fake News

Im Jahr 2016 saß der pakistanische Verteidigungsminister der Falschmeldung auf, Israel bedrohe Pakistan mit einem nuklearen Angriff. In Reaktion auf die vermeintliche Drohung kündete er seinerseits einen Atomschlag auf Israel an.[19] Zum Glück blieb es bei einem diplomatischen Zwischenfall. Was Fake News bewirken können, macht der Fall jedoch unmissverständlich klar.

In Indien forderten Fake News bereits Todesopfer. Dort verbreiteten sich 2018 über den Nachrichtendienst *Whatsapp* falsche Berichte über angebliche Kindesentführungen und den Handel mit deren Organen. Auch gefälschte Videos der Entführungen und Bilder von zerstückelten Kindern waren im Umlauf. Die Hysterie über diese Berichte führte schließlich dazu, dass mindestens 20 Menschen zu Tode geprügelt wurden, weil man sie für mögliche Entführer hielt. Dutzende weitere Menschen wurden verletzt.[20]

Auch in Deutschland hatten Fake News Gewaltausschreitungen zur Folge. Im Spätsommer 2018 wurde bei einem Stadtfest in Chemnitz ein Deutscher erstochen. Die mutmaßlichen Täter waren ein Syrer und ein Iraker. Anschließend kam es in der Stadt zu gewalttätigen Demonstrationen rechter Gruppierungen. Fake News kamen ins Spiel, als die Meldung die Runde machte, zu der Tat sei es gekommen, weil das Opfer eine Frau gegen einen sexuellen Übergriff verteidigt habe. Wie die Polizei kurz darauf erklärte, gab es keinerlei Anhaltspunkte für diese Behauptung. Doch nachdem das Internetportal *Tag24* die Meldung wenige Stunden nach der Tat veröffentlicht hatte, gab es kein Halten mehr: Der Bericht war in der Welt und heizte die ohnehin schon brodelnde Stimmung an. Es kam zu gewaltsamen Ausschreitungen und Übergriffen auf ausländisch aussehende Menschen.[21]

Ein alter Hut?

Seit Menschen sprechen können, lügen sie sich gegenseitig an. Wir täuschen einander, gehen anderen auf den Leim und geben vor zu sein, was wir nicht sind. Menschen haben seit eh und je Gerüchte gestreut, Intrigen gesponnen und einander in die Irre geleitet. Schon berittene Boten überbrachten Falschmeldungen. Die antiken Athener versuchten die ionischen Städte Kleinasiens zu dominieren, indem sie die Lüge verbreiteten, jene seien athenische Gründungen. Viele Fürstenhöfe unterhielten während der italienischen Renaissance spezielle Kanzleien, die Falschnachrichten erfanden und sie im Volk verbreiteten.[22] Für den Philosophen Niccolò Machiavelli (1469–1527) beruhte erfolgreiche Politik sogar auf der Kunst des Betrugs und der Fälschung.[23]

Als Paradebeispiel für diese Art von Politik wird häufig der Nationalsozialismus angeführt, in dem politische Lügen und Propaganda an der Tagesordnung waren. Man denke nur an die Geschichte vom Überfall auf den Sender Gleiwitz, der 1939 den Zweiten Weltkrieg auslöste. Der *Völkische Beobachter* schrieb damals, die Polen hätten sich dazu »hinreißen lassen, die Reichsgrenze zu überschreiten, einen deutschen Sender zu überfallen, und die Kriegsfackel an ein Pulverfaß zu legen«. Dabei war den meisten Zeitgenossen völlig klar, dass es keine »polnische Meute« war, die den Überfall verübt hatte, sondern eine SS-Abteilung.[24]

Doch nicht nur totalitäre Regime nutzen Lügen, um ihre politischen Interessen durchzusetzen. Die US-Regierung unter George W. Bush behauptete 2003 ohne jeden Anhaltspunkt die Existenz von Massenvernichtungswaffen im Irak und rechtfertigte damit einen Krieg.[25] Auch die externe Einflussnahme auf Wahlen durch gezielte Desinformation ist eine altbekannte Praxis.[26] Sowohl die USA als auch die Sowjetunion versuchten während des Kalten Krieges unter dem Stichwort »hybride Kriegsführung« immer wieder Wahlen in anderen Ländern zu beeinflussen.[27]

Sogar das für uns so selbstverständlich erscheinende Ideal der journalistischen Objektivität ist sehr viel jünger, als man meinen würde. Vor dem 19. Jahrhundert war die

Berichterstattung durchweg stark meinungsgefärbt. Dies änderte sich erst, als 1835 die Zeitung *New York Herald* und zeitgleich die erste Presseagentur *Havas* gegründet wurden. Es sollte dennoch bis zur Jahrhundertwende dauern, bis sich Nachrichtenmedien allgemein zum Ziel setzten, möglichst objektiv und wahrheitsgemäß aktuelle Informationen zu vermitteln: Erst Anfang des 20. Jahrhunderts setzte sich allgemein so etwas wie ein journalistisches Ideal der Wahrhaftigkeit durch, an dem Nachrichtenmedien gemessen wurden.[28]

Natürlich berichtet kein Journalist vollkommen objektiv. Wie alle Menschen nehmen Journalisten die Welt vor dem Hintergrund ihrer eigenen Weltsicht, Erfahrungen und Einstellungen wahr. Im Normalfall stellt das kein allzu großes Problem dar und lässt sich durch gutes journalistisches Handwerk in den Griff bekommen. Lassen sich Journalisten jedoch allzu sehr von ihrer Weltsicht leiten, kommt es zu einem Phänomen, das in der Psychologie als *Medienbias* bezeichnet wird.[29] Unter einem Bias versteht man eine systematische Neigung zu Wahrnehmungs-, Erinnerungs-, Denk- und Urteilsfehlern. Im Deutschen bezeichnet man Biases auch häufig als »kognitive Verzerrungen«. Durch einen Medienbias kommt es zu Berichterstattungen, die durch die Weltsicht der berichtenden Journalisten stark eingefärbt oder verzerrt sind.

Darüber hinaus kommt es im journalistischen Geschäft auch immer wieder zu bewussten oder irrtümlichen Falschmeldungen – sogenannten »Enten«. Im Jahr 1964 ist das der Deutschen Presseagentur (dpa) unterlaufen. Per Eilmeldung gab sie bekannt: »Der sowjetische Ministerpräsident Chruschtschow ist am Montag 20.19 MEZ, vier Tage vor seinem 70. Geburtstag, an den Folgen einer akuten Hephocapalytirosises plötzlich gestorben (nach Tass).«[30] 15 Minuten später folgte die nächste Eilmeldung, die den Bericht zurücknahm. Doch zu diesem Zeitpunkt hatte sich die Nachricht bereits wie ein Lauffeuer verbreitet. Hier zeigt sich also schon ein Phänomen, vor das uns auch die heutigen Fake News stellen: Ist die aufregende Falschheit einmal in der Welt, haben Richtigstellungen kaum noch eine Chance.

Lug und Trug, Irreführungen, Propaganda und Desinformation, Auslassungen, Verzerrungen und Irrtümer – all das hat es seit jeher gegeben. Waren das auch schon alles Fake News? Sind Fake News in Wirklichkeit ein alter Hut? Warum reden jetzt alle darüber? Wie schafft man es, Fake News zu erkennen und von anderen Arten problematischer Berichterstattung zu unterscheiden? Oder gibt es gar nichts zu erkennen und der Ausdruck »Fake News« ist nichts weiter als ein politischer Kampfbegriff?

Um diese Fragen zu beantworten, müssen wir einen genaueren Blick darauf werfen, was Fake News sind. Nicht alles, was in den Medien oder in den sozialen Netzwerken schiefgeht, ist ein Fall von Fake News. Und Fake News sind auch nicht einfach Falschmeldungen, Lügen oder Propaganda. Stattdessen sind Fake News Nachrichten, die ganz bestimmte Mängel aufweisen. Nachdem man sich klargemacht hat, welche Mängel das sind, ergeben sich die Antworten auf unsere Fragen von ganz allein.

2. Was sind Fake News?

Um zu verstehen, was Fake News sind, muss man sich zunächst klarmachen, was überhaupt News sind. Dem englischen Gebrauch folgend, haben News drei Merkmale:

1. Es sind Berichte über typischerweise jüngste Ereignisse.
2. Adressat der Berichte ist die Öffentlichkeit (oder eine Teilöffentlichkeit).
3. Die Berichte werden über die traditionellen oder sozialen Medien verbreitet.

Wenn ich meinem Nachbarn erzähle, ich sei im Besitz eines Dokuments, das über russische Einflussnahme auf den US-Wahlkampf Auskunft gibt, dann sind das keine News in diesem Sinne. Schließlich richtet sich mein Bericht nicht an eine (Teil-)Öffentlichkeit. Wenn ich allerdings einen Blogeintrag schreibe, in dem ich dieselbe Behauptung aufstelle, dann haben wir es mit News zu tun. Dabei ist sogar unwesentlich, ob jemand tatsächlich liest, was ich geschrieben habe.

Der »News«-Teil des Doppelbegriffs »Fake News« ist damit hinreichend klar. Interessanter wird es, wenn man sich fragt, was *Fake* News sind. Häufig werden Fake News einfach als eine bestimmte Art von Falschmeldung verstanden – also als Nachrichten, die falsch sind. Erinnern wir uns an die Zahlen auf dem Brexit-Bus, an die Pizzagate-Verschwörung über Hillary Clintons Verwicklung in einen Kindersexring oder an die Meldung, Merkel zensiere die Tagesschau. In all diesen Fällen haben wir es mit Falschmeldungen zu tun. Doch so eng die Verbindung zwischen Fake News und falscher Berichterstattung auf den ersten Blick auch erscheint – nicht immer sind Fake News falsch.

Der Mangel an Wahrheit: Falsche und irreführende Berichte

Tatsächlich zeichnen Fake News ein unwahres Bild der Wirklichkeit. Das bedeutet jedoch nicht, dass Fake News zwangsläufig falsch sein müssen. Häufig sind sie lediglich irreführend: Etwas wird so ausgedrückt, dass über die reine, oft im wörtlichen Sinne wahre, Information hinaus auch falsche Informationen kommuniziert werden.

Ein gutes Beispiel für einen Fall irreführender Fake News ist eine Meldung des US-amerikanischen Online-Portals *Breitbart* aus dem Januar 2017. Nachdem es in der Silvesternacht vor einer Kirche in Dortmund zu einem Tumult unter überwiegend jungen Männern gekommen war, meldete *Breitbart*, ein muslimischer »Mob« habe »Deutschlands älteste Kirche in Brand gesetzt«.[1]

Abgesehen davon, dass besagte Kirche nicht Deutschlands älteste Kirche ist, ist diese Meldung genau genommen nicht falsch. Es hatte tatsächlich einen Brand gegeben. Eine Gruppe junger, überwiegend muslimischer Männer hatte mit Feuerwerkskörpern geschossen. Schließlich war eine Rakete in das Fangnetz eines an der Kirche angebrachten Baugerüstes geflogen und hatte es in Brand gesetzt.

Dass die Gruppe die Kirche in Brand gesetzt hat, ist also nicht falsch. Dennoch, und das ist in diesem Zusammenhang der entscheidende Punkt, ist die Meldung irreführend.

Durch die Wortwahl wird allerlei Falsches kommuniziert. Es wird zum Beispiel impliziert, dass das Feuer bewusst und mutwillig gelegt wurde, dass die Kirche selbst und nicht nur ein Fangnetz betroffen war und dass der Brand ein nennenswertes Ausmaß hatte. Nichts davon ist wahr. Die Meldung zeichnet demnach ein unwahres Bild der Wirklichkeit, indem etwas Falsches (mit-)kommuniziert wird, ohne eine tatsächlich falsche Behauptung aufzustellen.

Irreführende Fake News gibt es wie Sand am Meer. Erinnern wir uns an das Poster der Brexit-Kampagne, mit dem nahegelegt wurde, dass Flüchtlingsmassen nach Großbritannien strömten. Auf dem Poster wird diese Aussage nicht wörtlich getätigt. Doch im Zusammenhang mit dem Slogan »Take back control of our borders« ist klar, was das Poster (eigentlich) kommunizieren soll. Beispielhaft ist auch eine Rede Trumps, in der er nahelegte, es habe in der Nacht zuvor einen Terroranschlag in Schweden gegeben. Er tat das, indem er sagte: »Wenn wir uns anschauen, was letzte Nacht in Schweden passiert ist. In Schweden – wer hätte das gedacht?«[2] Trump sagt hier nichts Falsches; er spricht nicht einmal explizit von einem Terroranschlag. Doch im Kontext seiner Rede ist seine Aussage nur als Verweis auf einen Terroranschlag zu verstehen und führt damit in die Irre. Denn es hatte keinen Terroranschlag in Schweden gegeben – tatsächlich war überhaupt nichts Berichtenswertes in Schweden passiert.

Diese Fälle zeigen, dass Fake News nicht zwangsläufig falsch sein müssen. Auch wahre, aber irreführende Meldungen können Fake News sein. Nicht dass sie falsch sind, verbindet alle Fälle von Fake News, sondern dass sie ein unwahres Bild der Wirklichkeit zeichnen.

Der Mangel an Wahrhaftigkeit: Lügen und Bullshit

Sind Fake News also bloß falsche oder irreführende Nachrichten? Ganz so einfach ist es leider nicht. Wir müssen darüber hinaus die Einstellung berücksichtigen, mit der Fake News in die Welt gesetzt werden. Fake News zeichnen sich nämlich auch dadurch aus, dass ihre Verbreiter ein problematisches Verhältnis zur Wahrheit haben.

In aller Regel wollen sie ihr Publikum täuschen. Wenn Donald Trump behauptet, dass er nichts über die Zahlungen an die Pornodarstellerin Stormy Daniels durch seinen Anwalt Michael Cohen wusste, dann ist das nicht nur falsch, man muss auch davon ausgehen, dass Trump mit seiner Behauptung eine Täuschungsabsicht verfolgte.[3] Trump wusste über die Zahlung Bescheid, er wusste, dass Cohen sie getätigt hatte, um ihn und die Wahlkampagne vor negativen Schlagzeilen zu schützen, und er wusste, dass die *Trump Organization* Cohen die Zahlung zurückerstattet hatte. Häufig sind Fake News also schlichtweg Lügen.

Doch nicht immer. Manchmal ist den Verbreitern von Fake News die Wahrheit ihrer Aussagen auch einfach gleichgültig. Mit ihren Behauptungen verfolgen sie weder das Ziel zu informieren, noch das Ziel zu täuschen. Der Philosoph Harry Frankfurt spricht in solchen Fällen von »Bullshit«.[4] Absichtliche Täuschungen, so Frankfurt, erfordern eine Orientierung an der Wahrheit; schließlich will man ja bewusst etwas behaupten, das von der Wahrheit abweicht. Bullshit hingegen erfordere nichts dergleichen. Der Bullshitter interessiert sich nämlich gar nicht dafür, ob er die Realität korrekt wiedergibt oder nicht. Er stellt Behauptungen auf, um seine Ziele zu erreichen, und zwar unabhängig davon, ob diese Behauptungen wahr oder falsch sind.

Menschen bullshitten aus den unterschiedlichsten Gründen: um andere zu beeindrucken, um ihre Zuhörer zu unterhalten, um eine Gesprächspause zu vermeiden. Und auch auf der politischen Bühne ist Bullshit ein gängiges Phänomen – insbesondere in der Ära Trump. In Frankfurts Augen ist Donald Trump ein Paradebeispiel für einen Bullshitter. Trumps Behauptung, er habe das beste Gedächtnis der Welt, bezeichnet Frankfurt sogar als geradezu »possenhaft unverstellten Bullshit«.[5]

Warum bullshittet Trump? Darüber kann man nur mutmaßen. Will er seine Anhängerschaft unterhalten und ihm wohlgesonnen stimmen? Will er sich als starker Mann präsentieren? Will er schauen, wie weit er mit seinen haltlosen Aussagen gehen kann? Will er durch Provokationen den Diskurs in eine für ihn günstige Richtung verschieben? Oder vielleicht alles zusammen? In Kapitel 4 werden wir versuchen, diese Fragen zu beantworten.

In anderen Fällen ist hingegen schon auf den ersten Blick klar, warum gebullshittet wird. Manchmal ist es nämlich lediglich die Aussicht darauf, Geld zu verdienen, die Menschen dazu antreibt, Bullshit in die Welt zu setzen. Auch im Bereich von Fake News ist das gar nicht so selten der Fall. Die Rechnung ist einfach: Reißerische und emotional aufgeladene Meldungen bringen mehr Aufmerksamkeit. Mehr Aufmerksamkeit bringt mehr Klicks. Mehr Klicks bringen mehr Werbeeinnahmen. Also bringen viele reißerische und emotional aufgeladene Meldungen viele Einnahmen. Ob die Meldungen dabei wahr oder falsch sind, ist in dieser Kalkulation keine relevante Größe.

Erinnern wir uns an das kleine Dorf Veles in Mazedonien. Dort und in anderen osteuropäischen Ländern bildete sich während des US-Wahlkampfs 2016 eine regelrechte Fake-News-Industrie, bei der viele Fake-News-Produzenten Zehntausende Dollar umsetzten. Die Erzeugnisse dieser Industrie sind in aller Regel Bullshit.

Nachdem ihr Geschäftsmodell durch die Presse gegangen war, gaben einige der Mazedonier freimütig Interviews.[6] Ein besonders erfolgreicher Fake-News-Produzent namens Dimitri legte den Reportern Monatsabrechnungen über Werbeeinnahmen von 8000 Euro vor. Das Geld kam von Google und anderen Seiten, auf denen sich Klicks direkt in Werbeeinnahmen umsetzen lassen. Dass echte Nachrichtenseiten mit ihren Berichten weniger Klicks erzielen, wunderte Dimitri nicht: »Die dürfen eben nicht lügen«.

Aus diesen Interviews wissen wir auch, dass das primäre Ziel der Mazedonier nicht darin bestand, Menschen zu täuschen. Ganz im Gegenteil: Die Wahrheit oder Falschheit ihrer Meldungen war ihnen vollkommen egal. Ihnen ging es einzig und allein darum, einen größtmöglichen Gewinn einzufahren.

Fake News: Die Checkliste

Fake News sind also Berichterstattungen, die in zweierlei Hinsicht problematisch sind: Erstens sind sie entweder falsch oder irreführend. Und zweitens verfolgen ihre Verfasser entweder eine Täuschungsabsicht oder sind der Wahrheit der Behauptungen gegenüber gleichgültig. Fake News weisen also zwei entscheidende Mängel auf. Der

Fake News: Die Checkliste

(A) Mangel an Wahrheit

Die Meldung zeichnet ein unwahres Bild der Wirklichkeit, denn …

☐ … die Meldung ist falsch.

oder

☐ … die Meldung ist irreführend.

(B) Mangel an Wahrhaftikgeit

Die Verbreiter nehmen es mit der Wahrheit nicht so genau, denn …

☐ … sie wollen täuschen.

oder

☐ … ihnen ist die Wahrheit gleichgültig.

erste ist ein Mangel an Wahrheit (A): Fake News zeichnen ein unwahres Bild der Wirklichkeit. Der zweite ist ein Mangel an Wahrhaftigkeit (B): Fake News werden von Menschen verbreitet, die es mit der Wahrheit nicht so genau nehmen.[7]

Man kann sich das gut anhand der obenstehenden Checkliste für Fake News veranschaulichen. Damit eine Meldung Fake News ist, müssen wir sowohl in Teil (A) »Mangel an Wahrheit« als auch in Teil (B) »Mangel an

Wahrhaftigkeit« in eines (!) der beiden Kästchen ein Kreuz setzen können.

Falls Sie sich an dieser Stelle fragen, wie um alles in der Welt Sie herausfinden sollen, ob jemand wahrhaftig ist oder nicht, bitten wir um etwas Geduld. In Kapitel 5 werden wir uns der Frage zuwenden, wie man Fake News im Einzelfall erkennt.

»Ihr seid Fake News!«

Jetzt denken Sie vielleicht: Schön und gut, aber ist eine solche Checkliste nicht etwas naiv? Wird »Fake News« nicht einfach als Beschimpfung benutzt, die sich Menschen an den Kopf werfen, wenn ihnen die Berichterstattung der anderen Seite nicht in den Kram passt?

Noch bevor Donald Trump seine Präsidentschaft antrat, lieferte er sich bei einer Pressekonferenz einen verbalen Schlagabtausch mit dem CNN-Reporter Jim Acosta. Erbost über die negative Berichterstattung auf CNN, schrie Trump Acosta entgegen: »Euch gebe ich keine Frage, ihr seid Fake News!«[8] Die Rede von Fake News war auf einen Schlag berühmt. Seither bezichtigen sich Rechte wie Linke gegenseitig, Fake News über die jeweils andere Seite zu verbreiten.

Viele Politiker, Journalisten und Wissenschaftler halten die Rede von Fake News deshalb für unbrauchbar. Wenn »Fake News« ein Kampfbegriff ist, scheint er gar keine beschreibende Funktion zu haben. Er ist dann eine diskursive Waffe, erfunden und genutzt, um Politik zu machen – nicht jedoch, um die Realität zu beschreiben. Jede Checkliste ginge in diesem Fall am eigentlichen Punkt vorbei.

Auf den ersten Blick hört sich das sehr überzeugend an. Auf den zweiten Blick jedoch zeigt sich, dass Beschimpfungen und Beschreibungen auch zusammenfallen können. Das liegt daran, dass manche Beschreibungen Eigenschaften zuschreiben, die niemand gerne sein eigen nennen mag. Sie umfassen negative Bewertungen, mit denen man andere beleidigen kann.

Viele Begriffe funktionieren so: Wenn wir Heike als »Rassistin« oder Paul als »Mörder« bezeichnen, hat das ebenfalls sowohl eine beschreibende als auch eine wertende Komponente. Einerseits können wir in die Welt schauen und prüfen, ob die Zuschreibung stimmt. Hat Paul tatsächlich jemanden ermordet? Andererseits ist klar, dass es nicht moralisch neutral ist, jemanden als »Mörder« zu bezeichnen.

So verhält es sich auch bei dem Begriff »Fake News«. Wenn man einen Bericht als Fake News bezeichnet, dann sagt man damit nämlich auch etwas über den Verfasser aus. Fake News, das wissen wir inzwischen, werden von Menschen verbreitet, die täuschen wollen oder der Wahrheit gegenüber gleichgültig sind. Eine solche Einstellung verurteilen die meisten Menschen. Zu sagen, etwas sei Fake News, bedeutet, immer auch zu sagen: »Wer das hier veröffentlicht hat, der hat etwas falsch gemacht.« Für die Checkliste heißt das: Sie ist nicht nur alles andere als naiv, sie hilft uns sogar dabei zu verstehen, *wieso* man sich mit Aussagen wie »Das sind Fake News!« beschimpfen kann.

Und wie steht es mit Trumps Aussage »Ihr *seid* Fake News!«? Immerhin werden hier ganze Medien, und nicht nur einzelne Berichte, als Fake News bezeichnet. Auch hier können wir die Checkliste gewinnbringend anwenden. Ein

Medium ist Fake News, wenn dort Menschen, denen es an Wahrhaftigkeit mangelt, regelmäßig falsche oder irreführende Berichte publizieren. Dies ist der Maßstab für die Angemessenheit des Vorwurfs »Ihr seid Fake News!«, wie ihn Trump gegen CNN gerichtet hat. Der Vorwurf hat Wahrheitsbedingungen. Man kann ihn prüfen. In einem Klima der Emotionalisierung liegt darin ein Mehrwert.

Was Fake News *nicht* sind

Dass die Rede von Fake News in Misskredit geraten ist, liegt nicht nur an ihrer Politisierung, sondern auch an ihrer inflationären Verwendung. Beinahe jede Art problematischer Berichterstattung wird an der einen oder anderen Stelle mit Fake News in einen Topf geworfen. Kaum jemand hat vernünftige Maßstäbe, um Fake News von Propaganda, Verschwörungstheorien, journalistischen Irrtümern, Satire, selektiver Berichterstattung oder grober journalistischer Fahrlässigkeit zu unterscheiden. Gut, dass wir die Checkliste haben! Was denken Sie: Worin liegt der Unterschied zwischen Fake News und Propaganda?

Propaganda

Der Kommunikationswissenschaftler und Psychologe Gerhard Maletzke sieht in Propaganda den Versuch, durch Kommunikation die Meinungen, Einstellungen und Verhaltensweisen bestimmter Gruppen unter einer politischen Zielsetzung zu beeinflussen.[9] Wenden wir das auf Fake News an, dann stellen wir fest: Hier ist das häufig der Fall.

Jemand setzt eine falsche oder irreführende Nachricht in die Welt, um Menschen zu täuschen und auf diese Weise seine politische Agenda voranzutreiben.

Ein anschauliches Beispiel dieser Art von Fake News hat mit Käfern zu tun. Im Jahr 1950 fraßen sich Millionen Kartoffelkäfer gleich einer biblischen Heuschreckenplage durch die Kartoffelfelder der ehemaligen DDR.[10] Deren staatliche Zeitungen setzten daraufhin die Behauptung in die Welt, die Amerikaner hätten die Käfer im Kampf gegen den Kommunismus in die DDR geschleust. Eine Schlagzeile lautete: »Außerordentliche Kommission stellt fest: USA-Flugzeuge warfen große Mengen Kartoffelkäfer ab.« Der vermeintliche Bio-Angriff aus den USA war jedoch eine gezielte propagandistische Finte. Tatsächlich wussten die DDR-Behörden aufgrund landwirtschaftlicher Prognosen bereits im Vorfeld ziemlich genau, was auf sie zukommen würde. Die eigene Unfähigkeit, auf die Käferplage adäquat zu reagieren, kaschierte die SED durch Fake News, die sie zudem als Propaganda für die eigene Sache nutzen konnte. Schließlich war es ja der Klassenfeind, dem die Schuld für die Plage in die Schuhe geschoben wurde.

Es fallen jedoch nicht alle Fake News in diese Kategorie. Die Mazedonier mit ihrer Fake-News-Fabrik hatten, wie erwähnt, keine politische oder auch nur irgendwie weltanschaulich bestimmte Agenda. In solchen Fällen sind Fake News keine Propaganda. Andersherum bedient sich Propaganda nicht immer der Verbreitung von Fake News. Propaganda zeichnet schließlich nicht immer ein unwahres Bild der Wirklichkeit. Manchmal benennt sie einfach Tatsachen, wenn auch meist in emotional aufgeladener Sprache.

Klassischerweise hat Propaganda nicht einmal die Form eines Berichts, sondern stützt sich auf aufstachelnde oder glorifizierende Darstellungen. Der Nationalsozialismus propagierte Bilder von Aufmärschen, blonden Menschen oder dem »Führer«, wie er den Hitlergruß zeigt. Solche Darstellungen beinhalten von vornherein keine Aussagen, die wahr oder falsch sein könnten.

Wir können festhalten: Es gibt Propaganda, die den Checklistentest nicht besteht, und Fake News, denen wesentliche Eigenschaften von Propaganda fehlen. Daher sind Propaganda und Fake News nicht dasselbe, auch wenn beide Phänomene Überschneidungen aufweisen.

Verschwörungstheorien

Das gilt auch für Fake News und Verschwörungstheorien. Für eine Verschwörungstheorie braucht es, so der Philosoph Karl Popper (1902–1994), genau drei Zutaten:

1. Eine Erklärung für ein Ereignis,
2. demzufolge gewisse Menschen oder Gruppen ein (zumeist verborgenes) Interesse am Eintreten des Ereignisses hatten und
3. sich miteinander verschworen haben, um es herbeizuführen.[11]

In der Regel sind Erklärungen, in denen eine Verschwörung behauptet wird, komplizierter als nötig. Der mittelalterliche Philosoph Wilhelm von Ockham (1288–1347) hätte Verschwörungstheorien daher gehasst. Das liegt dem Journalisten Jeffrey Kluger zufolge an *Ockhams Rasiermesser.*[12]

Darunter versteht man das Prinzip, dass eine einfache Erklärung immer besser ist als eine ansonsten gleichwertige, aber kompliziertere Erklärung. Alle Bestandteile einer Erklärung, die man nicht unbedingt braucht, sollte man mit Ockhams Rasiermesser einfach »wegrasieren«. Was übrig bleibt, liegt dann in aller Regel näher an der Wahrheit.

Das ist jedoch nicht die Art, wie Verschwörungstheoretiker an Erklärungen herangehen. Die Pizzagate-Verschwörung bietet ein wunderbares Beispiel dafür. Die Theorie speist sich aus angeblichen Ungereimtheiten in den geleakten E-Mails, die über Hillary Clintons unverschlüsselten Mailserver gelaufen waren. Wie erklären wir, dass John Podesta, Hillary Clintons damaliger Wahlkampfleiter, Wörter wie »Pizza« oder »Käse« in seinen E-Mails verwendet hat? Das muss ein Geheimcode für Pädophilie und Menschenhandel sein! Dann war die Clinton-Stiftung sicherlich auch in die damit verbundenen satanischen Messen verwickelt! Und warum niemand davon wusste? Das wurde wohl von den Clintons, John Podesta, der demokratischen Partei und den linksprogressiven Medien verschleiert! Verschwörungstheorien liefern häufig unnötige, unbelegte und sogar unbelegbare Erklärungen für Phänomene, die sehr viel einfacher zu erklären sind: Was Podesta mit »Pizza« und »Käse« meinte, war – nun ja … – Pizza und Käse.

Die Pizzagate-Geschichte war beides: Verschwörungstheorie und Gegenstand etlicher Fake News. Dennoch sind Fake News und Verschwörungstheorien nicht dasselbe. Zum einen hat nicht jede Fake News eine angebliche Verschwörung zum Gegenstand: Denken wir nur an die *Breitbart*-Schlagzeile, ein Mob muslimischer Männer habe eine

Kirche in Brand gesetzt, oder die Facebook-Meldung, Angela Merkel habe die Tagesschau zensiert.

Zum anderen ist nicht jede Verbreitung einer Verschwörungstheorie ein Fall von Fake News. Das hat mit Wahrhaftigkeit zu tun. Viele Verschwörungstheoretiker glauben tatsächlich, einer Verschwörung auf die Schliche gekommen zu sein. Wenn sie Behauptungen über den Zusammenhang von Impfungen und Autismus, über Barack Obamas Geburtsland oder John Podestas Verstrickung in einen Kinderpornoring in die Welt setzen, so tun sie dies in aller Regel, weil sie diese Inhalte tatsächlich für wahr halten und ihre Erkenntnisse teilen wollen. Fake News setzen sie damit jedoch *nicht* in die Welt. Erst wenn eine Verschwörungstheorie von Menschen mit einer Täuschungsabsicht oder Bullshit-Einstellung verbreitet wird, haben wir es mit Fake News zu tun.

Journalistische Irrtümer

Wahrhaftigkeit ist auch die entscheidende Dimension, um Fake News von journalistischen Irrtümern zu unterscheiden. Naturgemäß machen Journalisten hin und wieder Fehler. Eine falsche Zahlenangabe, ein Zahlendreher, ein falsches Detail – kleine Irrtümer sind im Journalismus an der Tagesordnung. Seriöse Medien veröffentlichen daher regelmäßig Richtigstellungen, sollte es zu Fehlern gekommen sein.

Manche Falschmeldungen waren so spektakulär, dass sie berühmt geworden sind. Die dpa-Meldung über den angeblichen Tod Chruschtschows im Jahr 1963, der wir in Kapitel 1 begegnet sind, ist solch ein Fall. Eine andere berühmte Falschmeldung hat die Bundesrepublik sogar mehrere Wochen lang in Atem gehalten: Am 25. April 1983 erklärte der *Stern*, die jüngere deutsche Geschichte müsse neu geschrieben werden. Adolf Hitlers Tagebücher seien gefunden worden.[13] Eine Untersuchung des Bundeskriminalamtes stellte jedoch bereits im Mai fest, dass es sich bei den Tagebüchern zweifelsfrei um Fälschungen handelte. Die Journalisten hatten sich täuschen lassen und einen falschen Bericht in die Welt gesetzt.

Große Fehler, kleine Fehler – nicht alles, was in der Zeitung steht, ist wahr. Fake News sind diese Meldungen meistens trotzdem nicht. Ein falscher Bericht ist zunächst mal nur das, was er ist: ein falscher Bericht. Was Fake News auszeichnet, ist das problematische Verhältnis ihrer Verfasser zur Wahrheit. Einer Journalistin, der ein Fehler unterläuft, mangelt es aber in aller Regel nicht an Wahrhaftigkeit. Sie verpasst nur ihre Zielvorgabe: Sie zielt auf eine wahrheitsgemäße Berichterstattung und trifft daneben.

Gerade mit Blick auf die praktischen Fragen, die sich an Fake News knüpfen, ist dieser Punkt wichtig. Immer wieder wird der Ruf laut, die Verbreitung von Fake News unter Strafe zu stellen.[14] Doch im journalistischen Tagesgeschäft geschehen unweigerlich Fehler. Damit guter, informativer und mutiger Journalismus möglich ist, müssen Journalisten vor Bestrafungen für versehentliche Falschmeldungen geschützt sein und bleiben. Daher ist es sinnvoll und wichtig, Fake News und journalistische Fehler nicht in einen Topf zu werfen.

2016 kam ein Artikel des *Postillon* in Umlauf, demzufolge ein neuartiges Burkdl, eine Mischung aus Burka und Dirndl, auf dem Markt sei.[15] Durch das Burkdl werde auch strenggläubigen Muslima der Oktoberfestbesuch ermöglicht. Natürlich ist das nicht die Wahrheit. Es gibt kein Burkdl. Der *Postillon* ist ein Satiremagazin. Ein Mittel der Satire ist es, Falschheiten zu äußern, die humoristisch einen tatsächlichen Sachverhalt kommentieren.

In den USA haben satirische Nachrichtensendungen im Fernsehen und Internet großen Zulauf. Immer mehr Menschen beziehen ihre Nachrichten aus Quellen wie der *Daily Show*, einer Nachrichtensendung, die politische Entwicklungen satirisch kommentiert. Das deutsche Äquivalent liefert die *heute-show* mit Oliver Welke. Nicht alles, was in diesen Sendungen behauptet wird, ist wahr. Häufig ist es gerade die Unwahrheit oder Überzeichnung, aus der sich der Witz eines Beitrags ergibt.

Verbreiten satirische Nachrichtensendungen also systematisch Fake News? Sind es Leute wie Oliver Welke oder Jan Böhmermann, denen wir das ganze Schlamassel zu verdanken haben? Wohl kaum. Zwar beinhalten satirische Berichte häufig Falschheiten. Aber die Komik von Satire entsteht nur vor dem Hintergrund geteilter Überzeugungen über die Welt. Wenn der *Postillon* über das Burkdl berichtet, dann hat das nur deshalb satirischen Wert, weil dem Zielpublikum klar ist, dass es ein solches Kleidungsstück nicht wirklich gibt. Die Satiriker des *Postillon* wollen also weder täuschen, noch ist ihnen die Wahrheit ihrer Aussagen gleichgültig. Wie im Fall journalistischer Irrtümer haben wir keinen Mangel an Wahrhaftigkeit zu verzeichnen. Mit Fake News haben wir es in diesem Falle aber nicht zu tun.

Dass Satire erst dann funktioniert, wenn sie erkannt wird, heißt übrigens nicht, dass Satire immer als solche erkannt werden muss. Immer wieder teilen Menschen auf Facebook satirische Inhalte in einem Gestus der Empörung, weil sie deren Witz nicht verstehen.

Nicht einmal Nachrichtenagenturen sind vor solchen Irrtümern gefeit. So hat 2012 die iranische Agentur *Fars* eine Meldung des Satiremagazins *The Onion* aufgegriffen, der zufolge der damalige iranische Präsident Mahmud Ahmadineschäd unter weißen Amerikanern einen höheren Beliebtheitswert habe als der damalige US-Präsident Barack Obama.[16] Dass die Meldung satirisch und falsch war, erkannte die Agentur leider zu spät. Fake News waren hier nicht am Werk, denn Lügen oder Bullshit hat weder *The Onion* noch *Fars* in die Welt gesetzt. *The Onion* hat einen Witz gemacht – und *Fars* hat ihn nicht verstanden. Eine problematische Haltung zur Wahrheit hatten beide nicht. Satirische Falschheiten und Fake News sind daher zwei Paar Schuhe.

Selektive Berichterstattung

Am 4. September 2015 traf Angela Merkel die Entscheidung, keine Gegenmaßnahmen gegen die Einreise der überwiegend syrischen Kriegsflüchtlinge zu ergreifen, die in Ungarn gestrandet waren. Daraufhin kamen knapp über eine Million Menschen nach Deutschland. In den deutschen Medien wurde darüber zunächst außerordentlich wohlwollend berichtet.

Laut einer Studie des Kommunikationswissenschaftlers Michael Haller war die Berichterstattung aber nicht nur wohlwollend, sondern auch einseitig und selektiv.[17] Er sagte dazu in einem Interview mit dem NDR-Fernsehmagazin *Zapp*: »Bis in die Weihnachtszeit wurde das prekäre Verhalten vieler junger Asylbewerber quasi übersehen: Willkommenskultur!«[18]

Haben die deutschen Medien in dieser Zeit also Fake News verbreitet? Wenden wir die Checkliste an: Mit Sicherheit hat es falsche oder zumindest irreführende Berichte gegeben. Ein Mangel an Wahrheit wird sich also hier und da finden lassen. Allerdings wäre es unplausibel, von einem strukturellen Mangel an Wahrhaftigkeit auszugehen: Weder wollten die Journalisten täuschen, noch war ihnen die Wahrheit gleichgültig. Die selektive Berichterstattung der Medien über die Flüchtlingsthematik fällt demnach nicht unter Fake News.

Das heißt allerdings nicht, dass die Berichterstattung unproblematisch war. Journalisten sind offenbar ihrem eigenen Wunschdenken aufgesessen und dem Medienbias erlegen, den wir in Kapitel 1 kennengelernt haben. Ihre Weltsicht hat ihre Berichterstattung einseitig gefärbt und verzerrt. Laut Hallers Studie sind die Medien damit ihrer demokratischen Funktion nicht gerecht geworden und ein relevanter Teil der Meinungen in der Bevölkerung wurde ignoriert. Möglicherweise hat das zu einer Spaltung der Gesellschaft beigetragen. Zudem sind faktische Probleme, die durch die Aufnahme der Flüchtlinge auftraten, unter den Tisch gefallen.

All das sollten wir klar benennen – aber eben als das, was es ist, nämlich als die Folge selektiver Berichterstattung.

Fake News haben hier keine Rolle gespielt. Es ist nicht hilfreich, das Fake-News-Etikett auf jede erdenkliche Form problematischer Berichterstattung zu kleben.

Grobe Fahrlässigkeit – Grenzfälle von Fake News

Wenn über die letzten Abschnitte hinweg der Eindruck entstanden ist, es sei immer leicht zu erkennen, ob wir es in einem bestimmten Fall mit Fake News zu tun haben oder nicht, müssen wir diesen Eindruck leider korrigieren.

Dass wir Kriterien für Fake News haben, bedeutet nicht, dass immer unmittelbar auf der Hand liegt, ob diese Kriterien erfüllt sind. Manchmal wissen wir nicht, ob eine Nachricht falsch oder irreführend ist und somit ein Mangel an Wahrheit vorliegt.

Noch häufiger ist unklar, ob ein falscher oder irreführender Bericht auf ein bloßes Versehen oder auf eine problematische Haltung zur Wahrheit zurückzuführen ist. Um uns zu versichern, ob es einem Verfasser an Wahrhaftigkeit mangelt, kommen wir ohne Nachforschungen in der Regel nicht weiter. Es ist eine Sache, die Kriterien für Fake News zur Verfügung zu haben. Es ist eine andere, herauszufinden, ob diese Kriterien erfüllt werden oder eben nicht.

Diese Unklarheit kann auch darin begründet sein, dass wir es manchmal mit *Grenzfällen* von Fake News zu tun haben. In der Berichterstattung der Bildzeitung, so kann man guten Gewissens sagen, lassen sich regelmäßig grobe Mängel in der journalistischen Sorgfaltspflicht erkennen. Ein besonders eklatanter Fall war ein Bericht vom Februar 2017, demzufolge es in der Silvesternacht in Frankfurt Übergriffe auf Frauen gegeben habe. Die Überschrift: »37 Tage nach Silvester brechen Opfer ihr Schweigen – Sex-Mob in der Freßgass«. Wenig später stellte sich heraus: Der Vorfall hatte nie stattgefunden.[19] Die Bildzeitung hatte nur eine Handvoll Zeugen für den Vorfall und keinerlei Anstrengungen unternommen, die Aussagen zu überprüfen.

Ist der Bericht Fake News? Das hängt davon ab, ob wir es hier mit dem für Fake News einschlägigen Mangel an Wahrhaftigkeit zu tun haben. Dass für den Bericht nicht in ausreichendem Maße recherchiert worden ist, liegt auf der Hand. Aber wollte die Bildzeitung täuschen? Oder war der Redaktion die Wahrheit schlichtweg egal? Ab wann ist jemand gleichgültig gegenüber der Wahrheit? Nur wenn sie für ihn überhaupt keinen Wert hat? Wenn er sie anderen Zwecken unterordnet? Wenn er keine hinreichenden Anstrengungen unternimmt, sicherzustellen, dass eine Behauptung auch tatsächlich zutrifft? Fragen über Fragen!

Journalisten recherchieren manchmal nicht so gründlich, wie man es sich wünschen würde. Manchmal sitzen sie einer verzerrten Wahrnehmung auf, die sich durch ihr eigenes Weltbild erklärt, wie im Fall des Medienbias. In wenigen Fällen verletzen sie sogar ihre Sorgfaltspflicht in eklatanter Weise, weil sie andere Ziele höher bewerten als die wahrheitsgemäße Berichterstattung. Und manchmal, in ganz seltenen Fällen, stellt die Wahrheit für sie von vornherein keinen Wert dar. Ab wann ist ein falscher oder irreführender Bericht Fake News? Diese Frage lässt sich nur im gesellschaftlichen Diskurs und durch die genaue Prüfung des jeweiligen Einzelfalls beantworten.

Zum Bericht der Bildzeitung über den Mob in Frankfurt könnte man einräumen: Immerhin haben die Reporter sich ja auf Zeugenaussagen gestützt. Ganz egal war ihnen die Wahrheit also wohl nicht. Aber von einer derart massiven Verletzung der Sorgfaltspflicht ist es im besten Fall nur noch ein winziger Schritt zu Fake News. Selbst für den Chefredakteur der Bildzeitung Julian Reichelt hatte der Mangel an Wahrhaftigkeit seiner Reporter im Fall des Mob-Artikels die kritische Schwelle überschritten. In Stellungnahmen räumte er ein, die Bildzeitung habe in diesem Fall tatsächlich Fake News verbreitet.[20]

Ein alter Hut – einerseits!

In diesem Kapitel haben wir gesehen, dass Fake News ein falsches Bild der Wirklichkeit zeichnen und es ihren Verfassern an Wahrhaftigkeit mangelt. Anhand der Checkliste lassen sich Fake News systematisch von anderen Arten problematischer Berichterstattung unterscheiden. Ein überraschendes Ergebnis dieses Kapitels ist außerdem: Fake News sind überhaupt nicht neu. Meldungen, die unseren Checklistentest bestehen, gab es schon immer.

Denken wir an die Meldung im *Völkischen Beobachter* von 1939 zurück, in der der Überfall auf den Sender Gleiwitz einer »polnischen Meute« zugeschrieben wurde. Die Meldung ist falsch und wurde in die Welt gesetzt, um bestimmte politische Ziele zu verfolgen. Den Verfassern war die Wahrheit egal. Adolf Hitler (1889–1945) äußerte sich dazu in einer Ansprache an die Oberkommandierenden des Heers vor dem Überfall unmissverständlich: »Die Glaubwürdigkeit ist dabei gleichgültig, im Sieg liegt das Recht.«[21] Wir haben beides: einen Mangel an Wahrheit und einen Mangel an Wahrhaftigkeit. Die Meldung war – schon damals – ein Fall von Fake News. Der Ausdruck »Fake News« mag erst heute in aller Munde sein. Was er bezeichnet, ist jedoch ein alter Hut.

Aber nur einerseits! Denn was andererseits auch stimmt, ist, dass Fake News ein spezielles Problem der Gegenwart darstellen. Erst durch die Digitalisierung und die sozialen Medien konnte es zu dem beispiellosen Exzess von Fake News kommen, dem wir heute gegenüberstehen. In diesem Sinne haben wir es also durchaus mit etwas Neuem zu tun. Doch das Neue ist nicht das Phänomen als solches, sondern die Dimension des Problems, vor das uns Fake News heute stellen.

3. Warum Fake News leichtes Spiel haben

In diesem Kapitel soll es darum gehen, warum Fake News in den letzten Jahren einen so durchschlagenden Erfolg hatten. Ein Grund, das ist klar, hat mit der Digitalisierung und der damit einhergehenden Demokratisierung medialer Nachrichtenverbreitung zu tun. Heute ist es viel einfacher und günstiger, Nachrichten in die Welt zu setzen, als noch vor 20 Jahren. Rockstars, Politiker und Parteien haben ihre eigenen Facebook-Seiten; Krankenhäuser, Polizeistellen und der US-Präsident tweeten ihre Pressemitteilungen ungefiltert in die Öffentlichkeit; Banken, Brauerei-Unternehmen und Öl-Lobbyisten tragen ihre Werbung über eigene Youtube-Kanäle als Content Marketing direkt an den Verbraucher. An und für sich ist all das nicht problematisch. Es erhöht zunächst die Informationsdichte in der öffentlichen Debatte. Während eine Politikerin früher ihre Pressemitteilungen an Zeitungen und TV-Sender schicken musste, kann sie ihre Botschaften heute selbst beinah in Echtzeit in den öffentlichen Raum geben.

Demokratisierung heißt aber auch: Das gilt für alle. Im englischsprachigen Raum kursiert daher der Slogan: »Everyone's a journalist.« Vor gar nicht allzu langer Zeit blieb einer sendungsbewussten Verschwörungstheoretikerin nicht viel mehr übrig, als sich auf eine Kiste auf dem Marktplatz zu stellen und zu predigen oder im Selbstverlag ein Buch zu veröffentlichen. In einem seriösen Medium jedenfalls wäre sie mit ihren Ansichten kaum untergekommen. Heute ist die Reichweite eines Blogeintrags oder Facebook-Posts potenziell unbegrenzt. Und so finden Behauptungen und Ansichten ihren Weg in die Öffentlichkeit, die jeder Evidenzgrundlage entbehren. Material kann weltweit veröffentlicht werden, ohne journalistischen, wissenschaftlichen oder überhaupt irgendwelchen Standards Genüge zu tun. Und so lässt sich für jede Verschwörungstheorie, jede Unterstellung, jedes Gerücht und jede falsche Behauptung eine potenzielle Zielgruppe finden. Diese Entwicklung ist gemeint, wenn die Rede davon ist, dass die traditionellen Medien ihre *Gatekeeper*-Funktion eingebüßt haben. Durch das Internet können Verschwörungstheorien und Fake News ungehindert an die Öffentlichkeit gelangen.

Für die traditionellen Medien hatte das in den letzten zwei Jahrzehnten einen Teufelskreis zur Folge: Durch die Digitalisierung sind ihre Einnahmen zurückgegangen, weil Menschen sich kostenlos im Internet informieren können. In Reaktion darauf begannen viele Medienunternehmen, zu sparen, Journalisten zu entlassen und ebenfalls auf rein werbefinanzierte Internetangebote zu setzen. Dieser allgemeine Sparkurs hatte jedoch häufig einen Qualitätsverlust zur Folge – und noch mehr Kunden liefen zu alternativen Internetmedien über.[1]

Die Wissenschaftsforscherin Helga Nowotny bezeichnet die sozialen Medien entsprechend als »beispiellose Verbreitungsmaschine« für Fake News.[2] Nicht immer wohlmeinende Akteure können dort ihre Narrative in die Welt setzen, die dann personalisiert und von den Nutzern auf ihre Interessen und Überzeugungen hin zugeschnitten konsumiert werden. Verstärkt wird das durch monetäre Anreize, den sozial-medialen Raum mit ungeprüften oder ausgedachten Meldungen zu bespielen. Negative Konsequenzen wie juristische Nachspiele sind so gut wie nicht zu befürchten. Durch die Digitalisierung sind also neue Verbreitungswege und Anreizstrukturen entstanden, die einen fruchtbaren Boden dafür bereiten, Fake News zu veröffentlichen, zu teilen und zu konsumieren.

Aber das ist natürlich nicht die ganze Geschichte. Die psychologische, soziologische und medienwissenschaftliche Forschung über Fake News steht erst am Anfang. Erst wenn die Perspektiven der verschiedenen Disziplinen zusammenkommen, wird sich die Erfolgsgeschichte von Fake News umfassend begreifen lassen. Einen ganz entscheidenden Grund für den Erfolg von Fake News liefert uns die Forschung jedoch bereits. Dieser Grund hat mit dem Wechselspiel der sozialen Medien und unserer psychischen Bauweise zu tun. Bestimmte kognitive Mechanismen, die uns helfen, Informationen sinnvoll zu verarbeiten, haben auch ihre Schattenseiten. Diese Schattenseiten begünstigen zum einen generell die Verbreitung von Fake News. Zum anderen kommen sie in den sozialen Medien besonders deutlich zum Tragen.

Bad news is good news

Um besser verstehen zu können, wieso Fake News im Zeitalter der Digitalisierung so erfolgreich sind, ist der Begriff der *Aufmerksamkeitsökonomie* hilfreich. Der Grundgedanke ist einfach: In Zeiten, in denen Informationen in einem überwältigenden Überschuss vorhanden sind, ist Aufmerksamkeit eine knappe Ressource. Es gibt schlichtweg mehr Informationen auf dem Markt, als irgendjemand verarbeiten kann. Da unsere Aufmerksamkeit begrenzt ist, verbrauchen wir die Aufmerksamkeit für eine Information immer auf Kosten unserer Aufmerksamkeit für andere Informationen. Der Nobelpreisträger für Wirtschaftswissenschaften Herbert Simon (1916–2001) hat schon 1971 den Grundgedanken auf den Punkt gebracht:

> »In einer an Information reichen Welt bedeutet der Reichtum an Information Knappheit an etwas anderem: Eine Knappheit an dem, was immer das sein kann, das Information verbraucht. Was Information verbraucht, liegt auf der Hand: Sie verbraucht die Aufmerksamkeit des Empfängers.«[3]

Mit Aufmerksamkeit lässt sich wie mit anderen knappen Ressourcen handeln. Wenn man Aufmerksamkeit einmal eingefangen hat, lässt sie sich auf andere übertragen. Aus diesem Grund werben Firmen mit Stars: Stars übertragen die Aufmerksamkeit ihrer Fans auf das Produkt der Firma – und lassen sich das bezahlen. Auch Medien handeln mit Aufmerksamkeit, denn sie finanzieren sich in Teilen über Anzeigen. Je besser sich eine Zeitung verkauft, desto mehr Geld sind Firmen bereit, für Anzeigen zu zahlen. Will man News verkaufen, lautet die entsprechende Leitfrage: Wie viel Aufmerksamkeit erzeugen sie?

Journalisten wissen seit jeher: »Bad news is good news.« Je düsterer und schockierender eine Nachricht ist, desto erfolgreicher verkauft sie sich. Und desto glaubwürdiger ist sie auch. Wir richten unsere Aufmerksamkeit im Allgemeinen eher auf Dinge, die uns wütend machen oder uns empören. Erfolgsgeschichten sind nur halb so interessant wie Katastrophenmeldungen.

Evolutionstheoretisch ist das gut begründet. Die eigenen Überlebenschancen waren höher, wenn man hinter einem Baum im Zweifel das gefährliche Raubtier und nicht bloß ein Kaninchen erwartete. Angst zahlt sich aus. Das Raubtier zu übersehen ist bei Weitem schlimmer, als sich ein solches Tier nur einzubilden. Diese evolutionäre Anpassung hat ihre Spuren hinterlassen. Denn nicht nur mit Blick auf Raubtiere gilt: Negatives bindet unsere Aufmerksamkeit stärker als Positives. Die Psychologie spricht hier von einem eingebauten *Negativitätsbias*.[4]

Für unsere Vorfahren war der Negativitätsbias überlebenssichernd. In unserer aufmerksamkeitsökonomisch strukturierten Medienwelt wird er jedoch zum Problem. Medien müssen Aufmerksamkeit binden. Negativität bindet mehr Aufmerksamkeit als Positivität. In der Folge berichten Medien zumindest der Tendenz nach eher über negative Ereignisse wie Messerstechereien als über positive Entwicklungen wie den Rückgang der Kriminalität in beinahe allen Ländern der Welt.[5]

Während die großen Medien im Sommer und Herbst 2015 in der Tendenz eher zu positiv über die Zuwanderung berichteten, hat sich die Berichterstattung aufgrund dieser Anreizstrukturen inzwischen zum Nachteil für Flüchtlinge verändert. Über Verbrechen wird häufiger und prominenter berichtet, wenn sie von Flüchtlingen oder Menschen mit Migrationshintergrund begangen wurden. Das spricht Ängste und Sorgen an und schürt Empörung über die »Flüchtlingskrise« und den Staat.

Negative Emotionen sind ein Aufmerksamkeitsmagnet. Das Gleiche gilt für Einfachheit. Unsere Aufmerksamkeit schenken wir nicht nur besonders schockierenden oder empörenden Nachrichten, sondern vor allem solchen, die eine klare Botschaft vermitteln. Wenn eine Geschichte zu viele Wenns und Abers enthält, dann verlieren die meisten Menschen das Interesse, sie weiterzuverfolgen. Zu komplizierte Geschichten machen keinen Spaß. Für diejenigen, die einer Nachricht zum Erfolg verhelfen wollen, bedeutet das, dass sie zumindest in der Tendenz vereinfachen müssen.

Glücklicherweise folgen die meisten Leitmedien in Deutschland einem ethischen Kompass, der sie an eine wahrheitsgemäße Berichterstattung bindet. Fällt dieser Kompass weg, spielt unsere Vorliebe für einfache und negative Geschichten der Verbreitung von Fake News in die Hände. Wer allein an Aufmerksamkeit und den damit verbundenen Einnahmen interessiert ist, ist schlecht damit beraten, die Welt in all ihrer Komplexität möglichst wahr und wahrhaftig zu beschreiben.

Im Kampf um die Aufmerksamkeit der Nutzer bedienen sich daher inzwischen auch viele verhältnismäßig seriöse Online-Medien systematisch eines Werkzeugs, das »Clickbaiting« genannt wird. Beim Clickbaiting werden die Titel von Artikeln so formuliert, dass möglichst viele Menschen auf den Artikel klicken: »Rechtsradikaler verkündet Kanzlerkandidatur. Die Reaktion der Grünen ist unglaublich!« Schon ist die Aufmerksamkeit gefangen, die Werbeeinnahme verbucht. Nicht immer entspricht die Überschrift der Wahrheit. Manche Fälle von Clickbaiting sind also auch Fälle von Fake News.

Apropos: Haben Sie sich den Titel dieses Buches schon mal durch den Kopf gehen lassen? Auf der einen Seite ist er nicht besonders sinnvoll, denn wie um alles in der Welt sollte die Wahrheit sich *selbst* abschaffen? Darüber hinaus ist er nicht wirklich zutreffend. Schließlich geht die Wahrheit nicht verloren, wir verlieren sie höchstens aus dem Blick.

Dafür hat der Titel zwei andere wichtige Eigenschaften:

1. Er spricht negative Emotionen an, vor allem Angst: »Die Wahrheit schafft sich ab« klingt geradezu alarmistisch.
2. In den Ohren der meisten Menschen dürfte er irgendwie vertraut klingen, weil er die bekannte Wendung aus Thilo Sarrazins *Deutschland schafft sich ab* aufgreift.

Dass sich Aufmerksamkeit durch Negativität binden lässt, haben wir bereits gesehen. Vertrautheit hat einen ähnlichen Effekt: Wir neigen dazu, das für ansprechend und plausibel zu halten, was uns vertraut erscheint. Man spricht hier vom »Vertrautheitsbias«.[6] Der Vertrautheitsbias wird uns später im Buch noch einmal begegnen (s. S. 99). An dieser Stelle geht es uns darum, dass der Titel des Buches sich beide Biases – den Negativitätsbias und den Vertrautheitsbias – zunutze macht, um Ihre Aufmerksamkeit zu gewinnen und Ihr Interesse am Buch zu wecken. Der Titel ist damit eine analoge Variante von Clickbaiting.

Bestätigungsfehler und kognitive Dissonanz

Wir wissen jetzt, warum Fake News im digitalen Raum grundsätzlich leichteres Spiel haben als wahre Meldungen. Was entscheidet aber über den Erfolg einer Fake News? Und wieso erscheinen manchen Menschen Fake News plausibel, die andere vollkommen unglaubwürdig finden?

Ob wir etwas plausibel finden, hat sehr viel damit zu tun, welche Überzeugungen wir schon haben. Unser Gehirn muss ständig neue Informationen filtern und bewerten. Dafür bedient es sich leistungsfähiger kognitiver Mechanismen. Bereits die Vorstellungen und Überzeugungen, die wir mitbringen, beeinflussen, für welche neuen Informationen wir offen sind und wie wir sie auswerten – und für welche nicht. Grundsätzlich schreiben wir Informationen dann eine höhere Glaubwürdigkeit zu, wenn sie mit unseren bestehenden Überzeugungen in Einklang stehen. Kurz: Wir neigen dazu, das zu glauben, was unsere Erwartungen erfüllt. Unter der Voraussetzung, dass wir größtenteils wahre Anfangsüberzeugungen haben, ist dieser Mechanismus überaus nützlich. Doch er ist auch die Grundlage für einen Bias.

Lassen Sie uns ein Spiel spielen: Sie müssen herausfinden, nach welcher Regel wir eine bestimmte Zahlenreihe gebildet haben. Die Zahlenreihe ist recht einfach. Sie lautet »2, 4, 6«. Wie lautet die Regel?

Sicher haben Sie bereits eine Hypothese! Wahrscheinlich vermuten Sie, dass die Regel »Addiere 2!« lautet. Nun, Sie dürfen Ihre Hypothese testen. Und zwar, indem Sie weitere Zahlenreihen bilden und wir Ihnen bei jeder Reihe, die Sie vorschlagen, mitteilen, ob sie der Regel entspricht oder nicht. Sie sagen also irgendeine Zahlenreihe »x, y, z« und wir reagieren mit »Passt« oder »Passt nicht«. Wie gehen Sie vor? Überlegen Sie sich, bevor Sie weiterlesen, mit welchen – sagen wir – drei Zahlenreihen Sie Ihre Vermutung über die zugrunde liegende Regel prüfen würden.

Wenn Sie so gestrickt sind wie die meisten Menschen, dann würden Sie uns Reihen wie »18, 20, 22«, »36, 38, 40«

oder »1354, 1356, 1358« vorlegen. Jedes Mal würden wir sagen: »Ja, diese Reihe entspricht der Regel.« Und dann sähen Sie sich in Ihrer Vermutung bestätigt. Alles spräche dafür, dass die Regel gemäß ihrer Hypothese tatsächlich »Addiere 2!« lautet.

Wie gesagt: So gehen die meisten Menschen vor. Doch sollten Sie ebenfalls so vorgegangen sein, dann sind Sie einem Bias auf den Leim gegangen. Sie haben nämlich ausschließlich nach *bestätigender* Evidenz für Ihre Hypothese gesucht. Schließlich haben Sie nur Zahlenreihen vorgeschlagen, die mit der Regel, von der Sie ausgegangen sind, in Einklang stehen. Um eine Hypothese zu testen, muss man aber auch prüfen, ob es Gegenevidenz gibt. Im Fall unseres Spiels wäre es klug gewesen, auch Zahlenreihen der Form »1, 2, 7« oder »7, 2, 1« abzufragen. Dadurch hätten Sie herausfinden können, dass Ihre Hypothese falsch ist, denn im ersten Fall hätten wir ebenfalls gesagt: »Passt!«. Im zweiten Fall hingegen hätten wir gesagt: »Passt nicht!«. Recht schnell hätte sich die tatsächliche Regel herausgestellt, die der ursprünglichen Zahlenreihe zugrunde lag. Es war nämlich die Regel »Bilde irgendeine aufsteigende Zahlenreihe!« »1, 2, 7« entspricht dieser Regel; »7 ,2, 1« nicht.

Das Spiel, das wir gerade mit Ihnen gespielt haben, entspricht dem Design einer berühmten Studie, die der Psychologe Peter Wason (1924–2003) in den 1960er Jahren mit seinen Studierenden durchführte. In dieser und in etlichen Folgestudien zeigte sich, dass Menschen dazu neigen, Informationen selektiv zu sammeln, zu erinnern und einseitig zu interpretieren.[7] Und zwar so, dass die Informationen gut zu ihren bestehenden Überzeugungen oder Erwartungen passen. Diesen Bias nennt man in der Psychologie *Be-*

stätigungsfehler (»*confirmation bias*«). Informationen, die zu dem passen, von dem wir ausgehen, werden viel leichter zur Kenntnis genommen, als Informationen, die unsere Weltsicht infrage stellen.

Warum sitzen wir diesem Bias auf? Nun, zunächst einmal ist es unter evolutionären Gesichtspunkten recht nützlich, neue Informationen mit bereits bestehenden Überzeugungen abzugleichen. Wir werden in jedem Moment mit einer so überwältigenden Zahl an Informationen konfrontiert, dass es überlebensnotwendig ist, auszuwählen. Wenn etwas überhaupt nicht zu unseren sonstigen Überzeugungen passt, ist das zunächst ein guter Grund dafür, die Information auszusortieren.

Darüber hinaus ist es überaus unangenehm, einer Information zu begegnen, die nicht zum eigenen Überzeugungssystem passt. Psychologen sprechen hier von *kognitiver Dissonanz*.[8] Im Allgemeinen mögen wir keine Widersprüche in unseren Einstellungen, Überzeugungen oder Verhaltensweisen und empfinden mentalen Stress, wenn wir auf die Tatsache gestoßen werden, dass etwas nicht zusammenpasst. Das führt zu der Tendenz, Informationen, die solche Konflikte auslösen würden, zu ignorieren oder zu unterdrücken. Man spricht hier auch von *motivierter* oder *selektiver Wahrnehmung*: Wir sehen nicht unbedingt das, was sich vor unseren Augen befindet, sondern das, was wir auf Grundlage unserer eigenen Erwartungen, Wünsche und Ängste sehen wollen.[9]

Denken wir an eine Raucherin, die mit Studien konfrontiert wird, aus denen hervorgeht, dass Rauchen Krebs verursacht. Sie wird in aller Regel dazu neigen, die Glaubwürdigkeit der Studien, die Stärke der aufgezeigten Korrelation oder zumindest die Anwendung der Studienergebnisse auf sich selbst infrage zu stellen. Vielleicht wird sie sich sagen: »Das wird doch alles hochgespielt; ich werde sicher keinen Krebs bekommen!« Hauptsache, die kognitive Dissonanz wird aufgelöst.

Was hat das alles mit Fake News zu tun? Eine ganze Menge. Der Bestätigungsfehler erklärt, wieso Menschen ein und dieselbe Information ganz unterschiedlich bewerten. Eine Information, die einer Gruppe von Menschen überzeugend vorkommt, weil sie genau zu dem passt, was diese Menschen ohnehin schon glauben, wird von einer anderen Gruppe unter Umständen als unplausibel betrachtet, weil sie in starkem Kontrast zu deren Überzeugungen steht. Wer Angela Merkel für korrupt und machtgierig hält, dem kommt die Meldung, dass sie die Tagesschau zensiert habe, wahrscheinlich plausibel vor. Wer Donald Trump für moralisch degeneriert hält, findet es wahrscheinlich glaubhaft, dass er die republikanische Wählerschaft öffentlich als dumm bezeichnet haben soll. Wie wir Fake News bewerten, hat maßgeblich damit zu tun, was wir außerdem noch glauben.

Verschwörungstheoretisches Denken

Im vorangehenden Kapitel wurde gezeigt, dass Verschwörungstheorien und Fake News zwar nicht dasselbe Phänomen sind, aber Überschneidungen haben. Wie wir jetzt sehen werden, befeuern sich beide Phänomene zu allem Überfluss auch noch gegenseitig. Fake News spielen verschwörungstheoretischem Denken in die Karten und verschwörungstheoretisches Denken macht wiederum anfälliger für Fake News. Ein Teufelskreis!

Von außen wirken Verschwörungstheorien meist vollkommen an den Haaren herbeigezogen. Ein Sexring in einer Pizzeria? Ein amerikanischer Präsident, der nicht in den USA geboren ist? Wer glaubt so etwas? Leider mehr Menschen, als man denken würde. Lange Zeit war es sogar völlig normal, Verschwörungstheorien anzuhängen. In Hitlers Ideologie beispielsweise spielte bekanntermaßen die These eine zentrale Rolle, das »internationale Judentum« sei dabei, das deutsche Volk zu zerstören: Die »Weisen von Zion« seien die eigentlichen Herrscher der Welt.

Mitte des 20. Jahrhunderts, unter dem Eindruck des Nationalsozialismus, gerieten Verschwörungstheorien öffentlich in Misskredit. Erst seit Kurzem sind sie wieder auf dem Vormarsch. Dem Experten für Verschwörungstheorien Michael Butter zufolge hängt das mit einem Gefühl der Marginalisierung zusammen, das immer mehr Menschen in den westlichen Gesellschaften teilen. Nicht nur Thilo Sarrazin befürchtet, ihm könne sein Land, seine Kultur und sein Lebensstandard abhandenkommen. Viele andere Menschen teilen diese Ängste. Butter zufolge begünstigt das verschwörungstheoretisches Denken.[10]

Verschwörungstheoretisch zu denken bedeutet, den Bestätigungsfehler zu voller Blüte zu treiben. Eingefleischte Verschwörungstheoretiker glauben alles, was ihre Theorien bestätigt, und blenden Gegenevidenz aus. Je vollständiger ihr Weltbild, desto höher sind die persönlichen Kosten, die mit einer Verwerfung der Theorie einhergehen würden. Die kognitive Dissonanz, die Gegenevidenz mit sich bringt, wächst immer weiter; die Wahrnehmung sensibilisiert sich immer mehr für Bestätigungen ihrer Theorie. Das Resultat sind Gedankengebäude, die um immer abstrusere Erklärungen erweitert werden, um die Kerngeschichte zu bewahren.

Dass Fake News in solch einem Klima leichtes Spiel haben, ist offensichtlich:

1. Verschwörungstheorien lassen strukturell an seriösen Informationsquellen zweifeln. Alles ist schließlich Teil der Verschwörung.
2. Es wird eine Abwärtsspirale in Gang gesetzt: Glaubt man erst mal eine falsche Verschwörungstheorie, so sorgen der Bestätigungsfehler und die Tendenz zur Vermeidung kognitiver Dissonanz dafür, dass man immer weitere Falschheiten glaubt – und seine Meinung weiter festigt.

Fake News sind daher das ideale Futter für den Verschwörungstheoretiker. In der Tat scheinen Verschwörungstheorien und Fake News dieselben Menschen anzusprechen. Studien zeigen, dass die Anfälligkeit für beide Phänomene bei jenen Menschen besonders hoch ist, deren analytisches Denken schwach und deren intuitives Denken stark ausgeprägt ist.[11] Butter weist zudem darauf hin, dass vor allem Männer mit extremen politischen Standpunkten Verschwörungstheorien anhängen.

Eine ähnliche Beobachtung kann man im Bereich von Fake News machen. Laut einer Studie der *Stiftung Neue Verantwortung* zum Bundestagswahlkampf 2017 fanden Fake News vor allem unter Rechtspopulisten und Rechtsextremen Verbreitung.[12] In den USA ist das nicht anders: Studien der *University of Oxford* zufolge werden sowohl

Fake News als auch Verschwörungstheorien überwiegend von sehr konservativen bis rechtsextremen Nutzern konsumiert und geteilt.[13]

Verschwörungstheoretisches Denken, das können wir festhalten, ist ein Extremfall derselben Denkmuster, die Menschen auch empfänglich für Fake News machen. Wir glauben das, was uns in den Kram passt, und vermeiden jene Informationen, die unser Weltbild ins Wanken bringen könnten. Zudem verstärkt der Glaube an Verschwörungstheorien die Bereitschaft, Fake News für wahr zu halten – und umgekehrt.

Informationskaskaden

Butter erklärt den Erfolg von Verschwörungstheorien damit, dass sich heute viele Menschen kulturell an den Rand gedrängt fühlen. Doch natürlich fühlt sich nicht jeder marginalisiert, der es für plausibel hält, dass Hillary Clinton aus einer Pizzabude einen Sexring betreibt. Dasselbe gilt für weniger extreme Fake News. Marginalisierungserfahrungen allein erklären kaum, dass eine erhebliche Zahl von Menschen es glaubwürdig findet, Angela Merkel zensiere die Tagesschau. Um zu verstehen, wieso Fake News in größeren Teilen der Gesellschaft so erstaunlich erfolgreich sind, muss man sich klarmachen, wie sehr unsere Überzeugungen durch unser soziales Umfeld geprägt werden.

Eine ausschlaggebende Dynamik sind sogenannte *Informationskaskaden*.[14] Wenn andere eine Information für wahr halten, ist das für uns in der Regel ein Grund, sie ebenfalls für wahr zu halten. Das ist zunächst mal eine gute

Sache. Wenn wir unterstellen, dass alle ein Interesse daran haben, Wahres zu glauben, sollte es uns skeptisch machen, wenn andere anderer Meinung sind. Umgekehrt sollte es uns beruhigen, wenn sie unsere Meinung teilen. Problematisch kann es werden, wenn sich dieser Mechanismus verselbstständigt und eine Informationskaskade entsteht: In diesem Fall bekommen Informationen nur deshalb eine höhere Glaubwürdigkeit, weil mehr Menschen die Information für wahr halten.

Häufig bedarf es nur einiger weniger Menschen, um eine solche Kaskade loszutreten. Am Anfang stehen dabei immer diejenigen, in deren Weltbild eine Information gut hineinpasst. Diese Menschen zu überzeugen ist einfach. Das liegt am erwähnten Bestätigungsfehler – das, was uns in den Kram passt, glauben wir gern. Dann folgt der zweite Schritt: Wenn erst einmal eine hinreichend große Anzahl dieser eher empfänglichen Personen die Information glaubt und weiterverbreitet, dann fangen auch Menschen an, sie für plausibel zu halten, die vorher noch unentschieden waren. Wenn schließlich genug Unentschiedene die Information für wahr halten und teilen, dann beginnen irgendwann sogar die zuvor skeptisch Eingestellten, die Information für glaubwürdig zu halten. Schon sind wir in einer Informationskaskade, an deren Ende Hunderte, Tausende oder Millionen von Menschen eine bestimmte These akzeptieren – und zwar allein deswegen, weil sie sehen, dass andere Menschen davon überzeugt sind.[15]

Informationskaskaden können sowohl gute als auch schlechte Entwicklungen begünstigen: Im Jahr 1989 forderte in Leipzig nur eine Handvoll Aktivisten die SED heraus. Fast ein Jahr lang trafen sich die Demonstranten jeden

Montag. Je mehr Menschen dachten, dass auch andere im Land eine Veränderung der Verhältnisse für möglich hielten, desto mehr Menschen begannen, diese Veränderungen ebenfalls für möglich zu halten. Jeden Montag wuchs die Menge der Demonstranten, bis im November über 400 000 Menschen durch die Straßen von Leipzig marschierten. Zwei Tage später fiel die Mauer. Dazu hat neben unterschiedlichsten anderen Faktoren auch eine Informationskaskade beigetragen.

Tatsächlich sind Informationskaskaden allgegenwärtig und dabei in ihren Konsequenzen meist weder eindeutig gut oder schlecht. Die Popularität von Restaurants oder der Erfolg von Top-Managern basieren genauso auf solchen Kaskaden wie *Spiegel*-Bestsellerlisten. Haben erst einmal ausreichend viele Kunden ein Buch gekauft und weitere Kunden erfahren davon, liefert ihnen das einen Grund, den Artikel ebenfalls zu kaufen. Nach diesem Prinzip funktionieren auch viele Online-Händler (»44 % kauften auch den folgenden Artikel …«). Aufgrund verschiedener Studien wissen wir, dass sehr schlechte Restaurants, Manager oder Artikel selten sehr erfolgreich werden, und dass sehr gute Restaurants, Manager oder Artikel selten ein totaler Reinfall sind. Dazwischen jedoch ist alles möglich.

Aber häufig entfalten Informationskaskaden auch eindeutig negative Effekte. Eine US-amerikanische Studie zum Beispiel untersuchte Mitläufereffekte unter Ärzten, die mit großem Enthusiasmus bestimmte Diagnosen stellen und Behandlungen verschreiben, weil andere es ebenfalls tun. Das Ergebnis: Fehldiagnosen und unnötige Operationen.[16]

Klar ist: Das Internet und die sozialen Medien begünstigen Informationskaskaden. Zum einen sind die Meinungen anderer im Internet sichtbarer als in der analogen Welt. Zum anderen ist es ohne viel Zeit und Geld möglich, im Netz seine Meinung kundzutun. Sich auf den Marktplatz zu stellen und dort für eine Position zu werben, ist aufwendig. Bevor man diesen Aufwand betreibt, muss man ziemlich gute Gründe für seinen Standpunkt haben und hochgradig motiviert sein, andere von seiner Position zu überzeugen. Im Internet sind Meinungsäußerungen hingegen immer nur einen Klick entfernt. Das, was man plausibel findet, liked oder shared man. So kommt unter Umständen eine recht hohe Zahl von Likes und Shares für Inhalte zustande, die jeder Grundlage entbehren. Der Anfang einer Kaskade kommt im Internet leicht zustande.

Informationskaskaden sind somit ein wichtiger Teil der Erklärung dafür, warum auch völlig abstruse und verschwörungstheoretische Fake News sich bemerkenswert schnell und weit verbreiten können. Wie glaubwürdig Menschen eine Information finden, hängt eben nicht *nur* davon ab, wie gut sie in ihr vorheriges Weltbild passt, sondern auch davon, wie viele andere Menschen die Information bereits für wahr halten und verbreiten. Durch die soziale Dynamik der Informationskaskade werden Menschen umso offener für haltlose Meldungen, je weiter diese bereits in ihr soziales Umfeld vorgedrungen sind.

Konformitätskaskaden

Bisher sind wir davon ausgegangen, dass sich Fake News vor allem deshalb verbreiten, weil Menschen sie für wahr halten: Jemand setzt eine Meldung in die Welt, einige Leute glauben sie, und je mehr Menschen das tun, umso glaubwürdiger wird sie. Schon haben wir eine Informationskaskade, an deren Ende sogar eigentlich vernünftige Menschen ziemlich skurrile Meldungen für bare Münze nehmen.

Tatsächlich verbreiten sich Inhalte häufig aber auch deshalb gut, weil sich Menschen in ihrem Verhalten an ihr soziales Umfeld anpassen. Manchmal behaupten Menschen nämlich einfach deshalb Dinge, weil andere Menschen sie behaupten, und zwar ganz unabhängig davon, ob sie sie selbst für wahr halten. Verantwortlich dafür ist der Druck zur *sozialen Konformität*, also in diesem Fall zur Anpassung an den Standpunkt, der in einer Gruppe vorherrscht.

Eine klassische Studie des amerikanischen Psychologen Solomon Asch (1907–1996) zeigt eindrücklich, wie sich Konformitätsdruck auswirken kann.[17] Die einzelnen Versuchsteilnehmer des Experiments wurden unterschiedlichen Gruppen von sieben bis neun weiteren Personen zugeteilt. Diese Personen waren Schauspieler, die lediglich vorgaben, Versuchsteilnehmer zu sein. Sie waren vom Studienleiter angewiesen, bestimmte Antworten zu geben. Die Aufgabe für die Gruppe (insbesondere für den echten Teilnehmer) bestand darin, die Längen von Linien zu vergleichen: Welche der drei Linien auf der rechten Karte ist genauso lang wie die einzelne Linie auf der linken Karte? Eine der drei Linien war deutlich kürzer, eine andere deut-

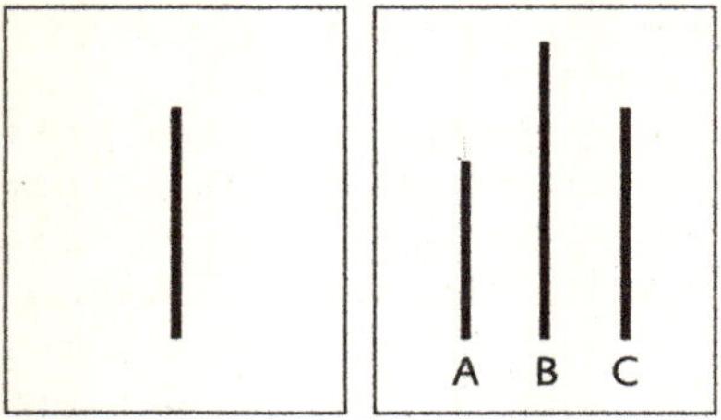

Konformitätsexperiment von Asch

lich länger als die einzelne Linie. Die Aufgabe war also sehr leicht zu bewältigen.

In den ersten beiden Runden des Experiments stimmten die Schauspieler mit dem einzelnen Versuchsteilnehmer in der richtigen Antwort (C) überein. In der dritten Runde hatten sie allerdings die Anweisung, einen offensichtlichen Fehler zu begehen, indem sie die einzelne Linie einer deutlich längeren (B) oder kürzeren (A) Vergleichslinie zuordneten. Der einzelne Versuchsteilnehmer konnte nun entweder an seinem eigenen Urteil festhalten oder der ungeteilten Mehrheitsmeinung der übrigen folgen. Was denken Sie, wie die meisten Versuchsteilnehmer reagierten?

Die Mehrheit ordnete die Linie trotz besseren Wissens der Vergleichslinie zu, die auch die anderen Gruppenmitglieder wählten. In einigen Fällen dürften die Versuchsteilnehmer wohl in der Tat unsicher geworden sein und die Urteile der anderen Gruppenmitglieder als Evidenz für eine Sinnestäuschung angesehen haben. Als allgemeine Erklärung ist das jedoch nicht plausibel. In Nachfolgestudien wurden einige Versuchsteilnehmer explizit dazu aufgefordert, Antworten zu geben, die sie unabhängig von der Meinung anderer für wahr hielten. Tatsächlich machte das die Wahl der falschen Vergleichslinie deutlich unwahrscheinlicher. Es besteht also ein Unterschied zwischen dem, was die Versuchsteilnehmer glaubten, und dem, was sie in der Gruppe von sich gaben.

Diese und viele andere Studien zeigen, dass Menschen ihre eigenen Überzeugungen unterdrücken, um sich nicht mit einer Minderheitenmeinung – oder einem Standpunkt, den sie für eine Minderheitenmeinung halten – offen dem Druck einer Gruppe auszusetzen.[18] Menschen wollen von ihren Mitmenschen positiv wahrgenommen werden. Wenn sie erfahren, was ihre Mitmenschen denken, dann passen sie ihre Äußerungen der (vermeintlich) in der Gruppe dominierenden Überzeugung an.

Auch durch Konformitätsdruck kann es zu einem Kaskadenphänomen kommen. Wenn bereits zwei Personen verkünden, dass unterschiedlich lange Linien gleich lang seien, besteht für die dritte Person ein gewisser Druck, sich diesem Urteil anzuschließen. Wenn dann die vierte Person an der Reihe ist, steht sie schon dreimal dem gleichen Standpunkt gegenüber. Der Druck, sich diesem Standpunkt anzuschließen, ist also schon größer geworden, als er es für die dritte Person war. Und wenn die vierte Person sich nun dem Druck beugt, wird es die fünfte Person noch schwerer haben, eine abweichende Meinung zu äußern. Je mehr Personen sich gruppenkonform verhalten, desto schwieriger wird es, auszuscheren. Das Resultat ist eine sogenannte *Konformitätskaskade.*

Konformitätskaskaden unterscheiden sich von Informationskaskaden in einer entscheidenden Hinsicht: Während

Menschen in einer Informationskaskade die Überzeugungen anderer als Grundlage für ihre eigenen Überzeugungen heranziehen, passen Menschen in einer Konformitätskaskade gar nicht ihre *Überzeugungen* an die Gruppenmeinung, sondern ihr Verhalten an das der anderen an: Sie verhalten sich so, als würden sie ebenfalls glauben, was die anderen glauben – zum Beispiel, indem sie eine dazu passende Meinung äußern. Konformitätskaskaden können daher durchaus mehrheitlich aus Zweiflern bestehen. Ist die Kaskade einmal im Gang, wächst der Druck, sich anzupassen.

Inzwischen werden vermehrt *Bots* dafür eingesetzt, Fake News in den sozialen Netzwerken zu verbreiten.[19] Ein Bot ist ein Computerprogramm, das selbstständig Aufgaben ausführt. Liked oder shared eine große Zahl von Bots in den sozialen Medien eine Meldung, sieht es für die Nutzer so aus, als ob sie von einer entsprechenden Zahl realer Menschen geliked oder geshared worden sei. Neben der bloßen Sichtbarkeit, die für Fake News auf diese Weise erzielt wird, nutzt das Vorgehen der Bots dabei gezielt die psychischen Mechanismen, die zu Informations- und Konformitätskaskaden führen. Hält erst einmal eine ausreichende Zahl von »Menschen« eine Information für wahr, bekommt die Information für alle anderen eine höhere Glaubwürdigkeit – und es wird zunehmend schwerer, dem Bericht die Stirn zu bieten bzw. eine andere Meinung zu vertreten.

Das bedeutet, dass der Verbreitungsgrad von Fake News keine unmittelbaren Rückschlüsse darauf zulässt, wie viele Menschen sie tatsächlich für wahr halten. Der Druck zur Gruppenkonformität spielt vermutlich eine ebenso große Rolle für ihre Verbreitung wie die Tatsache, dass Menschen sich von ihnen täuschen lassen und sie aufrichtig glauben.

Echokammern und Gruppenpolarisation

Die meisten unserer Überzeugungen sind indirekt fundiert. Häufig müssen wir uns auf das verlassen, was andere uns erzählen. Wir verlassen uns auf Expertinnen, die Medien, auf unsere Freunde und Bekannte. Das ist meist unproblematisch. Denn in der Regel erreichen uns dadurch wahre und gut geprüfte Informationen. Zusätzlich umgeben wir uns tendenziell mit Menschen, die uns ähneln – in ihrem Verhalten und ihren Überzeugungen. Im Allgemeinen schließen sich also Menschen zusammen, die dieselben Meinungen haben. Auch das ist an und für sich kein Problem.

Problematisch wird es, wenn der Bestätigungsfehler und unsere Abneigung gegen kognitive Dissonanz dazu führen, dass wir nur noch mit Gleichdenkenden reden und Meinungen von Andersdenkenden ausblenden oder gar nicht erst wahrnehmen. Das Internet schafft hierfür ganz neue Möglichkeiten. Vor allem in kleineren Orten ist es schwierig, sich ausschließlich mit Gleichdenkenden zu umgeben. In der globalisierten und digital vernetzten Welt hingegen ist das einfach geworden. Für jede noch so verwegene Weltsicht findet sich eine Gruppe von Leuten, die sie teilt. Unserer natürlichen Neigung folgend schließen wir uns in homogenen Gruppen zusammen, in denen sich ausschließlich Gleichdenkende untereinander austauschen. Solche Gruppen nennt man *Echokammern*.

Echokammern sind ein Problem. Wenn wir Gespräche mit Andersdenkenden gänzlich meiden, dann erreichen uns wichtige Informationen nicht. Wir bleiben im Dunkeln, was ihr Wissen, ihre Überzeugungen, ihre Evidenzen, ihre Ideen und ihre Werte betrifft. Uns erreichen dann nur noch jene Informationen, die zu unserem Weltbild passen. Wir erfahren nur das, was in unserer Echokammer ohnehin geglaubt wird. Es schallt nur noch das aus ihr heraus, was wir in sie hineinrufen.

In einem derart abgeschlossenen Biotop können Fake News die wildesten Blüten treiben. Das hat zwei Gründe:

1. Korrigierende Einflüsse bleiben außen vor. Kritiker, Skeptikerinnen, Andersdenkende und Zweiflerinnen haben keine Chance, ihre Bedenken in den Diskurs einzubringen, weil sie von vornherein nicht angehört werden.
2. Informations- und Konformitätskaskaden können sich in Echokammern ungebremst entfalten. Wenn in einer Echokammer eine Position Zuspruch findet, kommt leicht eine Kaskade in Gang – auch wenn außerhalb der Kammer niemand diese Position vertritt. Und wer will schon Bedenken äußern, wenn die Gruppenmeinung klar ist?

Die beiden Kaskadenphänomene führen zu einer Vereinheitlichung und Verstärkung der Meinungen innerhalb der jeweiligen Gruppe – und damit zu schlechteren Urteilen.

Das mag überraschen. Aus der Forschung weiß man, dass Urteile von Gruppen in aller Regel ausgewogener und besser als Urteile Einzelner sind.[20] Lässt man eine große Zahl von Menschen die Anzahl von Streichhölzern in einem Glas schätzen, dann ist der Durchschnitt der Schätzung relativ nah an der Wahrheit, während die Einzelurteile in aller Regel deutlich danebenliegen. Die sozialwissenschaftliche Forschung liefert außerdem Belege dafür, dass die Auseinandersetzung mit andersdenkenden Menschen moderater und toleranter machen kann.[21] Wenn hingegen gleichdenkende Menschen sich austauschen, dann ist häufig das Gegenteil der Fall. Gleichdenkende Menschen tendieren dazu, sich im Austausch untereinander in ihren Überzeugungen zu bestärken und in ihren Ansichten zu radikalisieren. Dieses Phänomen ist in der Sozialpsychologie als *Gruppenpolarisation* bekannt.[22]

Inzwischen zeigen Hunderte von Studien, wie und unter welchen Bedingungen sich Gruppen polarisieren.[23] Wenn Menschen zusammenkommen, die überwiegend einen politischen Kandidaten unterstützen, dann erhöht sich ihr Engagement für den Kandidaten. Wenn Menschen zusammenkommen, die eine Tendenz zum Rassismus aufweisen, dann werden sie rassistischer. Und wenn Menschen zusammenkommen, die die US-Demokraten für einen verkommenen Haufen halten, dann kann es passieren, dass diese Menschen am Ende zu der Überzeugung gelangen, dass Hillary Clinton einen Kinderpornoring in einer Washingtoner Pizzeria betreibt.

Und was ist mit Filterblasen?

Häufig wird der Begriff der Echokammer mit einem anderen Begriff in einem Atemzug genannt: dem der Filterblase. Suchmaschinen, Internetshops und soziale Medien filtern durch Algorithmen die Informationen, die für uns Nutzer sichtbar werden. Dabei verarbeiten sie personalisierte Daten wie Standort, Klickverhalten, Gerätetyp oder Suchhistorie, die beeinflussen, was uns auf Google, Facebook oder Amazon angezeigt wird. Das ist zunächst einmal nicht schlecht: unter dem Suchbegriff »Dortmund« sucht die eine vielleicht nach Neuigkeiten über den BVB, während ein anderer auf der Suche nach touristischen Infos zur Stadt ist.

Gleichzeitig sehen viele darin ein Problem: Die Algorithmen von Facebook und Google schirmen uns von Informationen ab, die nicht in unser Weltbild passen. Stattdessen generieren sie unterschiedliche »News« basierend auf unseren individuellen Interessen. Pionier dieser Position ist der Internetaktivist Eli Pariser, der den Begriff der Filterblase geprägt hat.[24] Er verwendet ihn im Zusammenhang mit digitalen Räumen, die den Nutzern vorrangig jene Inhalte präsentieren, die ihren bestehenden Interessen entsprechen und damit ihre Einstellungen zu diesen verstärken. Filterblasen sind, so Pariser, ein durch Algorithmen erschaffenes »Universum an Informationen«, das für jeden anders aussieht. Die Filterblase sei eine »zentrifugale Kraft, die uns auseinanderreißt«.

Es lohnt sich, hier einen differenzierteren Blick zu wagen. Denn viele Forscher halten Filterblasen inzwischen für eine irreführende Metapher, für ein Hirngespinst. Warum dennoch viele Menschen an Filterblasen glauben, könnte an zwei gängigen Irrtümern liegen:

1. »Die Algorithmen der Internetkonzerne verhindern Interaktionen mit Andersdenkenden.« – Das klingt plausibel, stimmt jedoch so nicht. Datenjournalisten der *Süddeutschen Zeitung* haben das Verhalten von politisch interessierten Facebook-Nutzern in Deutschland ausgewertet und visualisiert.[25] Das Bild zeigt: Es gibt ein

weitgehend isoliertes Knäuel an Interaktionen innerhalb rechtspopulistischer Gruppierungen und rund um die AfD. Hier bleiben Menschen in der Tat lieber unter sich. Daneben gibt es allerdings einen riesigen, losen Haufen von Interaktionen rund um die Parteien CDU, CSU, SPD, Grüne, Linke und FDP. Hier findet viel Austausch zwischen Menschen mit den unterschiedlichsten Meinungen statt.

2. »Die Algorithmen der Internetanbieter halten uns von Informationen fern, die nicht zu unseren Überzeugungssystemen passen.« – Das ist ebenfalls falsch. Verschiedene Studien zeigen, dass der durchschnittliche Nutzer auf Facebook regelmäßig Nachrichten sieht, die nicht seiner politischen Haltung entsprechen.[26] Er klickt sie lediglich nicht besonders gern an, um sie zu lesen. Es liegt also nicht an einer etwaigen Filterblase, wenn Menschen überwiegend Informationen beziehen, die ihre Überzeugungen bestätigen.

In der Tat legen einige Studien sogar nahe, dass Menschen vor allem aus *einer* Quelle mit anderslautenden Meinungen konfrontiert werden – den sozialen Medien. Das dürfte sich mit den Erfahrungen vieler Nutzer decken. Überlegen Sie einmal: Wo, wenn nicht im Internet, treffen Sie auf politische Meinungen, die quer zu Ihrem eigenen Weltbild stehen? Nirgendwo ist es leichter als auf den unzähligen Foren, Kommentarspalten von Blogs oder Nachrichtenseiten, auf Facebook oder Twitter ein Gespräch mit einem Reichsbürger, einer Islamistin oder einem radikalen Feministen zu führen. Forscher der Universität Amsterdam kamen daher in einer Überblicksstudie von 2016 zu dem

Schluss, »dass es derzeit nur wenige empirische Belege gibt, die Sorgen um Filterblasen rechtfertigen«.[27]

Nicht Filterblasen erklären also, wieso wir uns von Andersdenkenden fernhalten, sondern psychische Faktoren. Wir suchen, lesen und verbreiten Inhalte, von denen wir ohnehin überzeugt sind und an die wir glauben wollen. Das Problem liegt im Bestätigungsfehler, in unserer Tendenz zur Vermeidung kognitiver Dissonanz und den daraus resultierenden Echokammern. Wir müssen gar nicht systematisch durch Algorithmen manipuliert werden, um anderslautende Meinungen und andersdenkende Menschen zu ignorieren. Das tun wir ganz von allein – weil es unangenehm und anstrengend ist, sich mit anderen Meinungen auseinanderzusetzen. Die Algorithmen der sozialen Medien verhindern dieses Verhalten nicht. Doch genauso wenig erzwingen sie es.

Digitaler Tribalismus

In Echokammern sorgen Informations- und Konformitätskaskaden für Radikalisierung. Die Vernetzung durch die sozialen Medien begünstigt diese Prozesse. Das Resultat kann man heute besichtigen: Wenn sich Echokammern radikalisieren, dann polarisieren sich Gesellschaften.

In den USA hat die Polarisierung in den letzten Jahrzehnten ein erhebliches Ausmaß erreicht. Sogar über eine ganze Reihe reiner Sachfragen herrscht dort zwischen Republikanern und Demokraten Uneinigkeit.[28] Das, so die *Yale*-Professoren Dan Kahan und Donald Braman, sollte uns aufhorchen lassen. Für sie ist die Sache klar: Unsere kulturelle Zugehörigkeit bestimmt, welche Meinungen wir uns bilden – oder genauer: welche Meinungen wir äußern. Denn wie wir im Zusammenhang mit Konformitätskaskaden gesehen haben, ist das, was Menschen *behaupten* zu glauben, oft gar nicht das, was sie *tatsächlich* glauben.

Für Gruppen, in denen sich bereits eine starke Gruppenidentität ausgebildet hat, ist dieser Punkt besonders wichtig. In solchen Gruppen erhalten Meinungsäußerungen einen besonderen Stellenwert: Sie signalisieren Gruppenzugehörigkeit. Die Frage, ob eine Aussage wahr ist, rückt in den Hintergrund. Was zählt, ist das Signal: »Ich gehöre dazu!«

Eine Gruppe US-amerikanischer Politikwissenschaftler hat das in zwei Experimenten eindrucksvoll gezeigt.[29] Im ersten Experiment teilten sie die Versuchsteilnehmer in zwei Gruppen ein. In beiden Gruppen sollten politische Sachfragen beantwortet werden. In einer der beiden Gruppen, der »Gutscheingruppe«, wurden die Versuchsteilnehmer informiert, dass sie an einer Lotterie teilnehmen würden, bei der es einen Amazon-Gutschein zu gewinnen gebe. Wie hoch ihre Gewinnchancen seien, hänge davon ab, wie viele Fragen sie richtig beantworten konnten. In der zweiten Gruppe, der Kontrollgruppe, gab es keine Lotterie. Abhängig davon, in welcher Gruppe sie waren, wichen die Antworten der republikanischen und der demokratischen Versuchsteilnehmer unterschiedlich stark voneinander ab.

In der Kontrollgruppe zeigten sich zwischen republikanischen und demokratischen Versuchsteilnehmern große Unterschiede in den abgegebenen Antworten. Demokraten gaben zum Beispiel öfter die (richtige) Antwort, dass Arbeitslosigkeit und Inflation während Bushs Präsidentschaft gestiegen sind. Republikaner hingegen gaben öfter die (richtige) Antwort, dass die USA zwischen 2007 und 2008 im Irak weniger Tote zu verantworten hatten als in der Zeit zuvor. Jetzt kommt der Clou: In der Gutscheingruppe sah die Sache ganz anders aus. Die Antworten fielen um 55 Prozent ähnlicher aus als in der Kontrollgruppe.

Nun wollten die Forscher es wirklich wissen. In einem zweiten Experiment erhöhten sie die Gewinnchancen und belohnten es zudem, im Zweifel keine Antwort zu geben. Und siehe da: Die Lücke zwischen den Antworten der Republikaner und der Demokraten war unter diesen Bedingungen sogar um 80 Prozent geringer als in der Kontrollgruppe.

Die Studie zeigt, dass Menschen in polarisierten Gruppen Standpunkte äußern, obwohl sie eigentlich wissen, dass sie entweder keine Ahnung haben oder sich sogar der Falschheit des geäußerten Standpunkts bewusst sind. Wahrheit ist in diesem Fall nicht der ausschlaggebende Maßstab. Eigentlich geht es darum, die Gruppenidentität zu stärken.

In stark polarisierten Gruppen mit einer ausgeprägten Gruppenidentität fallen Weltsicht und Gruppenzugehörigkeit daher in aller Regel zusammen. Der Journalist Michael Seemann spricht in solchen Fällen von einer *tribalistischen Epistemologie* der Gruppenmitglieder: Ihre Erkenntnisprozesse und Meinungsbekundungen gehen mit dem *tribe*, also dem Stamm oder der sozialen Gruppe, konform. Wir glauben und behaupten zu glauben, was in der eigenen sozialen Gruppe die dominierende Position ist. Da sich im Internet besonders leicht Gruppen mit einer tribalistischen Epistemologie bilden, nennt Seemann dieses Phänomen »*digitalen Tribalismus*«. Der digitale Tribalismus bietet den perfekten Nährboden für Fake News. Seemann bezeichnet Fake News daher als »Futter für bestätigungshungrige Stämme« und meint sogar: »Die Nachfrage macht hier das Angebot, nicht andersrum.«[30]

Ob das stimmt oder Fake News lediglich ein sehr attraktives Angebot für polarisierte Gruppen darstellen, ist am Ende nicht entscheidend. In jedem Fall können wir festhalten: In Gruppen mit einer tribalistischen Epistemologie wirken Bestätigungsfehler, die Tendenz zur Vermeidung kognitiver Dissonanz, verschwörungstheoretisches Denken, Informations- und Konformitätskaskaden, Echokammern und Gruppenpolarisation auf eine derart perfide Weise zusammen, dass sich Fake News dort besonders leicht verbreiten können.

Psychologie und soziale Medien

Fassen wir noch einmal zusammen, um den Faden nicht zu verlieren. In Kapitel 2 wurde ausgeführt, dass Fake News Berichte sind, die ein unwahres Bild der Wirklichkeit zeichnen und von Menschen verbreitet werden, denen es an Wahrhaftigkeit mangelt. Dieses Phänomen ist nicht neu. Dennoch ist es ein Problem unserer Zeit. Die Erfolgsgeschichte von Fake News hat im digitalen Zeitalter einen Höhepunkt erreicht. Dieses Kapitel hat eine Erklärung dafür geliefert, wieso Fake News derart leichtes Spiel haben. In einem Satz lautet die Antwort: Fake News haben es im digitalen Zeitalter unter anderem deshalb besonders leicht, weil unsere psychischen Mechanismen auf ungünstige Weise mit der Bauweise der sozialen Medien zusammenspielen. Hier die psychischen Fallstricke noch einmal im Schnelldurchlauf:

Wir haben gesehen, dass Fake News es deshalb von Anfang an leichter haben als seriöse Nachrichten, weil sie in der Aufmerksamkeitsökonomie besonders hoch im Kurs stehen. Unser eingebauter Negativitätsbias und unsere Vorliebe für Einfachheit liefern den Produzenten von Fake News ein einfaches Rezept für Meldungen, die besonders gute Aussichten haben zu verfangen.

Ist eine Fake News einmal im Umlauf, trifft sie bei einigen Menschen auf eine passende motivierte Wahrnehmung. Menschen neigen dazu, Bestätigungsfehler zu begehen. Sie glauben das, was ihnen in den Kram passt. Das, was ihnen nicht in den Kram passt, erzeugt kognitive Dissonanz. Dieses Gefühl ist unangenehm und wird deshalb, soweit es geht, vermieden. So können Fake News auf fruchtbaren Boden fallen, während Berichtigungen und gegenläufige Evidenz lieber ignoriert werden. Hieraus ergibt sich, warum manche Menschen eine Nachricht überzeugend finden, die andere Menschen für ganz und gar unplausibel halten. Der Bestätigungsfehler erklärt auch, wieso ein so enger Zusammenhang zwischen Fake News und verschwörungstheoretischem Denken besteht: Beides befeuert sich gegenseitig.

Halten erst einmal ein paar Menschen eine Fake News für wahr, kann eine Informationskaskade in Gang kommen. In solch einer Kaskade bekommt eine Meldung deshalb mehr Glaubwürdigkeit, weil mehr Menschen sie glauben. Konformitätskaskaden sorgen dafür, dass auch die, die die Meldung nicht glauben, sich so verhalten, als wären sie von ihr überzeugt.

Informations- und Konformitätskaskaden entfalten sich besonders gut in Echokammern. Und davon gibt es viele. Schließlich lässt sich kognitive Dissonanz am besten dadurch vermeiden, dass man sich ausschließlich mit Menschen umgibt, die die eigene Weltsicht möglichst weitgehend teilen.

Durch die Kaskaden in Echokammern entsteht Gruppenpolarisation. Sind Gruppen erst hinreichend polarisiert, übertrumpft Gruppenzugehörigkeit Wahrheit. Fake News bieten in solch tribalistischen Biotopen willkommene Gelegenheiten, sich mit und in der Gruppe zu positionieren. Jede geteilte Fake News entspricht hier einem Stammesabzeichen, das man sich an die Jacke steckt, um zu zeigen, dass man dazugehört.

Wie interagieren diese Mechanismen mit den sozialen Medien? Einige Punkte haben wir schon genannt. Im Netz finden sich für jede noch so steile These Menschen, die diese These glaubwürdig finden. Zudem begünstigen die sozialen Medien die Bildung von Echokammern, indem sie es Menschen leicht machen, sich gegenseitig zu bestätigen. Im Netz können Informations- und Konformitätskaskaden daher besonders leicht ihren Anfang nehmen.

Zugleich sind Meinungen in den sozialen Medien deutlicher sichtbar – und zwar sowohl die, die ins eigene Weltbild passen, als auch solche, die damit im Konflikt stehen. Das Internet lädt so in besonderer Weise zum Tribalismus ein. Negative Emotionen können effektiv in der Gruppe gebündelt und dann gegen die andere Seite kanalisiert werden: »Wir gegen die« – das ist im Netz besonders einfach.

Zwei weitere Punkte sind darüber hinaus wichtig. Der erste Punkt betrifft unser Nutzungsverhalten in den sozialen Medien. Der Psychologe und Nobelpreisträger für Wirtschaftswissenschaften Daniel Kahneman beschreibt zwei Weisen, in denen das Gehirn denkt.[31] System 1 umfasst *schnelles Denken*, also Denkprozesse, die schnell, intuitiv, automatisch, assoziativ und unbewusst ablaufen. System 2 ist das System für *langsames Denken*, also für Denkprozesse, die langsam, kalkulierend, gesteuert, analytisch und bewusst ablaufen. Eine der wichtigsten Erkenntnisse aus Kahnemans Forschung lautet: Biases brechen sich vor allem dann Bahn, wenn wir schnell, intuitiv und assoziativ – also mit System 1 – denken.

Wenn wir Inhalte der sozialen Medien verarbeiten, dann verwenden wir meistens System 1. In den sozialen Medien überbrücken wir Zeit, schauen nach, was bei Freunden los ist, und lassen uns mit leicht verdaulichen Inhalten berieseln. Nebenbei streifen Nachrichtenmeldungen unser Bewusstsein, rollen im Newsfeed weiter und werden abgelöst durch die nächste Meldung, durch Hochzeitsfotos oder ein Katzenvideo. Das ganze Setting der sozialen Medien ist auf Bestätigung und Rückversicherung durch die soziale Gruppe ausgelegt. Sorgfältigkeit, Wahrheit, Wahrhaftigkeit – das sind keine Werte, auf die wir in dieser Umgebung achten. Die Art, wie wir soziale Medien nutzen, ist wie dafür geschaffen, Fake News in unsere Köpfe sickern zu lassen. Dort, wo schnelles Denken am Werk ist, können sich Fake News besonders gut verbreiten.[32]

Der zweite Punkt hat mit der Aufmerksamkeitsökonomie zu tun. Die meisten Medien finanzieren sich zumindest teilweise über Anzeigen. Damit verkaufen sie unsere Aufmerksamkeit an Werbetreibende. Der wichtige Punkt ist, dass dieses Geschäftsmodell im Internet perfektioniert wurde. Facebooks Kunden sind Werber. Wir Nutzer und unsere Aufmerksamkeit sind das Produkt. Anders als die traditionellen Medien, die ihre Einnahmen zumindest in Teilen aus Verkäufen beziehen, hat Facebook daher nicht primär die Interessen der Nutzer, sondern vor allem die der Werbetreibenden im Blick. Der Konzern verwandelt die Aufmerksamkeit der Nutzer in Geld. Folglich kann er aus kommerzieller Sicht kein Interesse daran haben, Fake News entgegenzuwirken. Denn auch für Facebook gilt: *Bad news is good news.*

4. Wie Fake News Politik machen

Fake News sind Nachrichten, die ein unwahres Bild der Wirklichkeit zeichnen und von Menschen verbreitet werden, denen es an Wahrhaftigkeit mangelt. Damit sind Fake News, das sollten wir uns klarmachen, Schöpfungen von Lügnern und Bullshittern. Diese Leute nutzen systematisch die psychischen Mechanismen aus, die Menschen dazu verleiten, Fake News zu glauben oder zumindest weiterzuverbreiten. Das wirft Fragen auf: Was sind das für Menschen? Warum machen sie das? Und wie gehen sie vor?

Machtspiele, Propaganda und strategische Desinformation

Einigen Fake News liegt schnöde Profitgier zugrunde, wie im Fall der jugendlichen Mazedonier. Doch natürlich gibt es auch andere Akteure auf dem medialen Marktplatz – mit weitaus alarmierenderen Motiven. Nicht selten sind es nämlich politische oder ideologische Ziele, die Fake-News-Produzenten verfolgen.

Der bereits erwähnte Fall der vermissten Lisa ist ein offenkundiges Beispiel für politisch motivierte Fake News. Er wurde von russischen Medien als Teil einer strategischen Desinformationskampagne aufgegriffen. Finanzielle Gewinnaussichten waren in diesem Fall irrelevant. Die Zielsetzung war politisch: Es ging darum, Vorurteile gegen Flüchtlinge aufzugreifen und den deutschen Staat als tatenlos darzustellen.

Gerade für viele rechtspopulistische Politiker sind Fake News das Mittel der Wahl im Kampf um Aufmerksamkeit und Wählerstimmen. Sie zielen damit auf die Bestätigung von Überzeugungen und auf die emotionale Mobilisierung ihrer Anhängerschaft. So bemerkte der AfD-Pressesprecher Christian Lüth dem *Faktenfinder* der ARD gegenüber explizit: »Wenn die Message stimmt, ist uns eigentlich egal, woher das Ganze kommt oder wie es erstellt wurde. Dann ist es auch nicht so tragisch, dass es Fake ist.«[1]

Man muss sich das auf der Zunge zergehen lassen. Die Tugend der Wahrhaftigkeit wird hier offen und unverhohlen geschmäht. Warum aber schadet es den Rechtspopulisten der AfD nicht, wenn sie offenkundig falsche Aussagen treffen? Warum kommt Trump damit davon, sich ständig selbst zu widersprechen und bis dato über 4000 belegbare Falschaussagen oder Irreführungen von sich gegeben zu haben? Warum ist es für Wladimir Putin unerheblich, wenn seine Desinformationskampagnen auffliegen?

Ein Grund liegt darin, dass das Zielpublikum durch Kaskadenphänomene und Echokammern auf Richtigstellungen nicht mehr reagiert und im Zweifel an der Gruppenidentität festhält. Das kann jedoch nur ein Teil der Erklärung sein. Ein anderer hat mit Macht und Zweifel zu tun.

Das Spiel mit der Macht

Sowohl die Politiker der AfD als auch Trump oder Putin verbreiten Fake News nicht in erster Linie, um zu täuschen, sondern um Macht zu gewinnen oder zu vermehren: Sie zeigen, dass sie sagen können, was sie wollen, ohne durch die Realität oder irgendjemanden eingeschränkt zu werden.

Hier sind Fake News eine Form von Propaganda, wenn nicht sogar ein Paradebeispiel dafür. Denn wenn der Philosoph Jason Stanley richtigliegt, ist Propaganda im Kern überhaupt kein Täuschungsversuch, sondern stellt bereits den Versuch dar, zu herrschen.[2]

Genau das tun viele rechtspopulistische Politiker, wenn sie Fake News in die Welt setzen. Sie folgen der altbewährten faschistischen Strategie, die Massen nicht durch Tatsachen – nicht einmal angebliche Tatsachen – überzeugen, sondern sie durch deren offene Missachtung gewinnen zu wollen. Die Philosophin Hannah Arendt (1906–1975) nannte diese Kunst »die teuflischste Variante [des Lügens], die man sich denken kann – nämlich: das Wahr*lügen*«.[3] Die Wahrheit zu leugnen ist dabei Selbstzweck.

Deswegen fühlt es sich so sinnlos und fast schon albern an, wenn man versucht, den Aussagen Trumps mit Maßnahmen wie Faktenchecks zu begegnen. Seine Aussagen sind ein Spiel mit der Macht. Sie haben gar nicht die Funktion, die Wirklichkeit zu beschreiben.

So ist es auch bei der AfD. Der AfD-Politiker Maximilian Krah behauptet, seit Januar 2018 seien in Chemnitz 56 Frauen von Migranten vergewaltigt worden. Er weiß, dass diese Behauptung unhaltbar ist. Doch er äußert sie dennoch, um seinen Anhängern zu signalisieren: »Endlich sagt's mal jemand! Der traut sich auszusprechen, was wir denken. Und er kommt damit durch.«[4]

Auch der russische Präsident Wladimir Putin geht so vor. Im Jahr 2014 behauptete er zunächst, in der Ukraine befänden sich keine russische Soldaten, verkündete dann, es handele sich um russische Soldaten, die ihren Urlaub an der Front verbrächten (also nicht unter russischem Kommando gestanden hätten), um sich einen Monat später erneut zu widersprechen: Das seien »natürlich unsere Soldaten. Sie haben ganz korrekt gehandelt, sehr entschlossen und professionell.«[5] Seinen Anhängern signalisiert er damit: »Das ist ein starker Mann. Dem kann niemand etwas.«

Die Grundfrage, an der Trump, Putin und allgemein die Rechtspopulisten ihre Strategie ausrichten, lautet: Mit welchen noch so schockierenden und unhaltbaren Aussagen kommen wir durch, weil wir wir sind? Womit können wir unsere Macht demonstrieren? Lügen – das ist hier ein Zeichen der Stärke.

Die Saat des Zweifels

Eine zweite politische Funktion von Fake News besteht darin, uns zu verwirren und zu verunsichern. Wir sollen zu zweifeln beginnen, welchen Quellen wir überhaupt noch vertrauen können. In einem Bericht, den Bundesnachrichtendienst und Verfassungsschutz für das Kanzleramt erstellt haben, heißt es über den Einsatz von Fake News in Wahlkämpfen, das politische Ziel habe darin bestanden, das Vertrauen der Bürger in die Sicherheit des Landes zu erschüttern und damit die Demokratie zu schwächen.[6] In solchen Fällen kann man von Fake News als *Desinformation* sprechen.

Der Begriff der Desinformation stammt aus frühsowjetischen Zeiten. Bereits 1923 nahm das russische »spezielle Desinformationsbüro« unter Josef Stalin (1878–1953) seine Arbeit auf. Mit der Operation »INFEKTION« startete die bekannteste große sowjetische Desinformationskampagne mit der These, die USA hätten AIDS erfunden.[7] Im Kalten

Krieg gehörte Desinformation zum Tagesgeschäft. Heute rüstet Russland erneut zum Informationskrieg auf und flutet das Internet mit strategischer Desinformation.[8] Ziel ist es, Zweifel und Misstrauen zu säen, zu verwirren, abzulenken, zu polarisieren, zu demoralisieren und zu destabilisieren.

Laut einer Analyse des Magazins *Motherboard* verbreitet das russische Staatsmedium *Sputnik* auf Facebook mehr Falschmeldungen als alle anderen Nachrichtenseiten im deutschen Raum.[9] Beinahe die Hälfte aller Beiträge *Sputniks* sind falsch oder irreführend. Die Strategie des anderen großen russischen Staatsmediums RT wurde in einem Bericht der Denkfabrik RAND als »firehose of falsehood« beschrieben.[10] Desinformation und Propaganda würden in »hoher Lautstärke und auf vielen Kanälen, schnell, kontinuierlich und immer wieder« ohne Rücksicht auf Konsistenz verbreitet.

Zumindest in Teilen der westlichen Gesellschaften dominiert inzwischen die Wahrnehmung, die Politik verliere die Kontrolle. Die Globalisierung wird als existenzielle Bedrohung und demokratische Entscheidungsprozesse werden als strukturelle Schwäche wahrgenommen. Durch politische Einflussnahme verstärkt Russland (insbesondere mit seinen Staatsmedien RT und *Sputnik*) gezielt existierende Sorgen, indem es etwa die Angst schürt, demokratische Regierungen verlören ihre Handlungsfähigkeit an supranationale Organisationen wie die EU oder internationale Schiedsgerichte, an Konzerne und andere als unangreifbar und undurchsichtig inszenierte Akteure. Die »Flüchtlingskrise«, so eine andere gängige Erzählung, stürze den ganzen deutschen Staat ins Verderben. Das Ziel solcher Narrative liegt auf der Hand: Es sollen Zweifel gesät und Unsicherheit verbreitet werden.

Mit ähnlichen Methoden untergräbt seit über einem halben Jahrhundert eine Handvoll Konzerne systematisch die Glaubwürdigkeit der Wissenschaft. Das belegen die sorgfältigen Recherchen der Historiker Naomi Oreskes und Erik Conway.[11] Angefangen hat das Ganze in den 1950er Jahren mit einer Kampagne großer Tabakkonzerne, die den bereits damals belegten Zusammenhang zwischen Tabakkonsum und Lungenkrebs in Zweifel ziehen sollte. Diese und weitere Kampagnen werden bis zum heutigen Tag von überwiegend wirtschaftlich orientierten Akteuren betrieben. Das Ziel: Menschen sollen an den Erkenntnissen und Methoden der Wissenschaft zweifeln. Eine der Folgen: Entgegen dem einhelligen Einvernehmen fast aller Experten sind heute gar nicht so wenige Menschen davon überzeugt, dass es keinen wissenschaftlichen Konsens darüber gebe, ob der menschengemachte Klimawandel existiert.

Die Attacken der Rechtspopulisten und russischen Staatsmedien auf die »Lügenpresse« folgen demselben Muster. Wenn Donald Trump auf einer Pressekonferenz sagt: »Haltet euch an uns! Glaubt nicht den Mist, den ihr von diesen Leuten seht [zeigt mit dem Finger auf die Journalisten] – den Fake News!«, dann geht es darum, das Vertrauen in die Medien zu zerstören und gesellschaftliche Gräben zu vertiefen.[12] Fake News spielen in dieser Strategie eine zentrale Rolle. Durch kalkuliertes Streuen von Falschheiten und Irreführungen sollen Gesellschaften gespalten, das Vertrauen in Demokratie, Medien, Rechtsstaat und Wissenschaft zerstört und letztlich das politische System zu Fall gebracht werden.

Die meisten Fake News stammen aus dem rechtspopulistischen Spektrum. Den mazedonischen Teenagern zufolge, die eine gewisse Meisterschaft in der Monetarisierung von Fake News erreicht haben, verkaufen sich rechte Fake News besser als jede andere Art von Nachrichten. Die digitalen Stämme verlangen nach Futter, und die Jugendlichen von Veles haben keine Skrupel, es ihnen zu geben. In einem Interview äußert sich einer der Jugendlichen dazu freimütig: »Du siehst, was die Leute mögen und gibst es ihnen. Du siehst, dass sie Wasser mögen, und gibst ihnen Wasser; mögen sie Wein, gibst du ihnen Wein. Es ist wirklich sehr einfach.«

Ein anderer Jugendlicher aus Veles erklärt das Erfolgsrezept. Zunächst sei es wichtig, einen auffälligen Titel zu haben, etwas mit »Schockierend!« oder »Eilmeldung«, der die Aufmerksamkeit der Nutzer bindet. Insgesamt aber liefen solche Inhalte am besten, die die Überzeugungen von konservativen Nutzern aufgriffen und dabei möglichst effektiv Emotionen wie Angst, Wut oder Empörung ansprächen. Wenn die Inhalte dann geschickt auf Facebook und anderen sozialen Netzen vermarktet würden, seien hohe Klickzahlen garantiert.[13]

Die Einschätzung der mazedonischen Teenager deckt sich mit der Geschichte eines georgischen Studenten, der durch Google Ads etwas Geld dazuverdienen wollte.[14] Sowohl die Mazedonier als auch der georgische Student hatten zunächst mit unterschiedlichen Fake News experimentiert, dann aber festgestellt, dass Meldungen, die Trumps Anhängern in die Karten spielen, die höchsten Gewinne einfahren.

Inzwischen ist diese anekdotische Evidenz durch etliche Studien belegt. Die bereits in Kapitel 3 erwähnte Studie der *Stiftung Neue Verantwortung* zeigt, dass vor der deutschen Bundestagswahl 2017 die meisten Fake News durch die AfD verbreitet wurden und die verbreiteten Geschichten meistens Flüchtlinge zum Thema hatten.[15] Einer Studie von Wissenschaftlern der Universitäten Dartmouth, Princeton und Exeter zufolge stammen fast zwei Drittel der Besuche auf Fake News-Webseiten von 10 % extrem konservativer Amerikaner.[16] Einer Studie des *Oxford Internet Institute* zufolge wird auf Twitter die größte Menge an Fake News von einem Netzwerk von Trump-Unterstützern verbreitet, dessen Mitglieder zudem überwiegend Fake News konsumieren. Auf Facebook verbreiten rechtspopulistische und rechtsextreme Seiten mehr Fake News als alle anderen zusammen.[17]

Wie kommt das? Warum finden sich gerade bei Rechtspopulisten und Rechtsextremen so überproportional viele Fake News?

Zum einen ist bei Rechtspopulisten – wie bei anderen Gruppen mit radikalen Meinungen – verschwörungstheoretisches Denken verbreitet. Informationskaskaden können hier leicht ihren Anfang nehmen, weil in Gruppen, in denen viele Menschen für ein bestimmtes Narrativ empfänglich sind, schnell ein gewisser Schwellenwert an Zustimmung überschritten ist. Ab diesem Punkt fangen dann auch Menschen an, die Geschichte für plausibel zu halten, die vorher keine feste Meinung zu dem Thema hatten.

Zum anderen untergraben rechtspopulistische Politiker, wie wir in den zurückliegenden Abschnitten gesehen haben, systematisch genau jene Institutionen und Werte, die eigentlich sicherstellen sollen, dass Menschen ein korrektes

Bild der Wirklichkeit entwickeln. Kein Wunder, dass die Anhänger rechtspopulistischer Gruppen den Konsum der Leitmedien weitestgehend eingestellt haben. Korrigierende Einflüsse werden von vornherein ausgeblendet und so machen Fake News ungehindert die Runde.

Ein weiterer Erklärungsansatz greift auf Erkenntnisse aus der Moralpsychologie zurück. Der Psychologe Jonathan Haidt hält drei Werte bei Rechtskonservativen für besonders ausgeprägt: Loyalität, Autorität und Reinheit.[18]

1. Loyalität: Der eigenen Gruppe gebührt Treue und Ergebenheit. Dieser Wert begründet Nationalstolz, Vorbehalte gegenüber Fremden und Abscheu gegenüber Verrätern.
2. Autorität: Hierarchien sind zu respektieren und Höhergestellten ist Achtung zu zollen. Dieser Wert begründet Gefühle wie Respekt, Ehrgefühl sowie Härte gegen Straftäter.
3. Reinheit: Die natürliche Ordnung der Dinge ist einzuhalten. Dieser Wert begründet Vorbehalte gegenüber Homosexualität, Prostitution und Abtreibung.

Die drei Werte lassen sich durch Fake News gezielt ansprechen. Erstens wünschen sich viele Menschen mit rechtspopulistischen Positionen aufgrund ihrer Neigung zum Wert der Autorität eine starke Führerfigur. Womöglich macht sie das empfänglicher für die Taktik, Fake News als Machtmittel einzusetzen und zu demonstrieren, dass man mit offenkundigen Falschheiten durchkommt.

Zweitens geht die hohe Affinität zu den Werten der Loyalität und Reinheit mit einer erhöhten Gruppenidentifikation und dem Wunsch einher, die eigene Gruppe »rein« zu halten. Das spielt »wir gegen die«-Narrativen und Stereotypisierung in die Hände, und das nutzen rechtspopulistische Kräfte aus.

Drittens gehen mit der Verletzung rechtskonservativer Werte meist bestimmte Gefühle einher, die sich möglicherweise besonders gut zur Mobilisierung eignen. Haidt zufolge verspüren Rechtskonservative schnell Wut, Empörung und Ekel, wenn ihre moralischen Werte verletzt werden. Linksprogressive, denen Fürsorge und Fairness wichtig sind, verspüren hingegen eher Mitleid oder Ungerechtigkeitsgefühle, wenn sie ihre Werte verletzt sehen. Eine These lautet, dass Wut, Empörung und Ekel mehr Aufmerksamkeit binden und Menschen stärker in Aktion versetzen als beispielsweise Mitleid oder Ungerechtigkeitsgefühle. Wenn das stimmt, würde sich erklären, wieso Fake News, die die Gefühle Rechtskonservativer ansprechen, so außerordentlich hohe Klickzahlen haben.

Schließlich ergibt sich aus der starken Gewichtung von Autorität und Loyalität, dass Gefolgschaft und Gruppenzusammenhalt im Zweifel ein höherer Wert zugesprochen wird als der Wahrheit. Unter der Voraussetzung, dass die politische Botschaft die richtigen Werte bedient: Wen kümmern dann noch die Details des Einzelfalls? Aus dieser Perspektive sind die rechtspopulistischen Angriffe auf die »Fake News« der »Lügenpresse« genauso als tribalistische Signale der Zusammengehörigkeit an die eigene Anhängerschaft zu verstehen wie der AfD-Slogan »Mut zur Wahrheit«. Es geht vor allem darum, zu signalisieren, dass man selbst auf der richtigen und der Feind auf der anderen Seite steht – und um wenig anderes.

Das Streben nach sozialem Status, politischer Macht und monetärem Gewinn können allesamt dazu verleiten, falsche oder irreführende Meldungen zu verbreiten. Es ist das Zusammenspiel dieser Anreizstrukturen, die das gesellschaftliche Problem begünstigen, dem wir gegenwärtig gegenüberstehen: Es geht um die gezielte Desinformation einiger, in manchen Fällen auch großer Teile der Bevölkerung.

5. Was tun?

Wir sind fast am Ende unserer Auseinandersetzung mit Fake News angekommen. In den zurückliegenden Kapiteln haben wir gezeigt, was Fake News sind, warum sie so erfolgreich sind und wer sie aus welchen Gründen in die Welt setzt. In diesem, dem letzten, Kapitel wollen wir der Frage nachgehen, was wir tun können, um das Problem wieder in den Griff zu bekommen.

Warum wir Lösungen brauchen

Machen wir uns zunächst noch einmal in aller Deutlichkeit klar, welche Schäden Fake News anrichten. Ein Problem liegt auf der Hand: Durch Fake News entwickeln Menschen ein verzerrtes oder falsches Bild der Wirklichkeit. Probleme, die gar nicht so groß sind, ziehen überproportional viel Aufmerksamkeit auf sich, während andere, drängendere Probleme es nicht auf die politische Agenda schaffen. Fehlinformierte Menschen treffen schlechte Entscheidungen. Gesellschaften driften auseinander, weil unterschiedliche Gruppen unvereinbare Weltbilder und Bezugsquellen haben. Menschen verlieren aus dem Blick, wem sie noch glauben können. Diese Verwirrung führt dazu, dass sich ganze Bevölkerungsgruppen von den bisherigen Leitmedien ab- und zweifelhaften Akteuren zuwenden.

Akteure, die Gesellschaften destabilisieren wollen, finden in Fake News das ideale Werkzeug. Fake News machen liberale Demokratien anfällig für zersetzende Einflüsse. In den USA steckt der Karren schon ziemlich tief im Dreck.

Aber auch in Deutschland lassen sich die ersten Schäden beobachten. Die zeitweilige Zuspitzung des öffentlichen Diskurses auf die Flüchtlingsfrage und die systematische Verbreitung von Fake News hat einige Teile der Gesellschaft von herkömmlichen Nachrichtenquellen abgekoppelt und für populistische Standpunkte empfänglich gemacht.[1]

Wem das zu abstrakt klingt, kann sich noch einmal vor Augen führen, dass Fake News auch ganz konkrete und handfeste Schäden hervorbringen: Es gilt inzwischen als erwiesen, dass Fake News eingesetzt wurden, um politische Wahlen zu verzerren. Ein Mensch hat in einer Pizzeria um sich geschossen, um einen nicht existierenden Kindersexring zu stellen. In Indien haben Lynchmobs unschuldige Menschen getötet. Sogar ein Atomkrieg ist infolge von Fake News angedroht worden. Kurz: Fake News kosten im schlimmsten Fall Menschenleben.

Nun ist die Situation in Deutschland sicherlich eine andere als in den USA oder Indien. Vergleichsweise wenige Menschen glauben an Fake News und vergleichsweise viele vertrauen den Leitmedien. Wir sollten uns aber klarmachen, dass auch hierzulande immer mehr Menschen ihre Nachrichten über Facebook konsumieren, dass Fake News auch bei uns Ressentiments gegenüber Minderheiten schüren und (nicht nur) in Chemnitz Gewaltausbrüche nach sich gezogen haben.

Darüber hinaus ist zu erwarten, dass Fake News mit fortschreitender technologischer Entwicklung eher schwerer als einfacher zu erkennen sein werden. Schon jetzt ist es möglich, Ton- und Videoaufnahmen so zu verändern, dass einer Person beliebige Aussagen in den Mund gelegt werden können: Man kann Hillary Clinton sagen lassen, sie betreibe einen Kindersexring, oder Donald Trump, die Republikaner hätten die dümmsten Wähler. Stimme und Mundbewegungen verraten in gut gemachten Videomanipulationen kaum mehr etwas darüber, ob sie authentisch sind oder nicht. Die Erzeugnisse neuester Technologien, die diese Manipulationen ermöglichen, heißen daher nicht ohne Grund »Deepfake«.[2] Angesichts solcher technologischer Entwicklungen dürften zukünftig eher mehr als weniger Menschen Täuschungen aufsitzen. Um es in den Worten des Ökonomieprofessors Joseph Stiglitz zu sagen: »Wir leben in einer neuen Welt, in der es zunehmend schwieriger für uns – für alle – wird, sicherzustellen, dass Informationen korrekt sind.«[3]

Wie erkennt man Fake News im Einzelfall?

Um etwas gegen Fake News unternehmen zu können, muss man sie zunächst erkennen.[4] Dabei hilft die Checkliste. Fake News sind genau solche Nachrichten, die (A) falsch oder irreführend sind, und (B) von Menschen verbreitet werden, die eine Täuschungsabsicht verfolgen oder denen die Wahrheit gleichgültig ist. Der erste Schritt besteht also darin, über geeignete Kriterien zu verfügen, Fake News zu erkennen. In einem zweiten Schritt geht es dann darum, herauszufinden, ob ein konkreter Fall den Checklistentest erfüllt oder nicht.

Will man feststellen, ob eine Nachricht falsch oder irreführend ist, kommt man daher nicht umhin, sie sich zunächst einmal aufmerksam und sorgfältig anzuhören bzw. zu lesen. Dann aber sollte man sich eine Reihe von Fragen beantworten:

1. Wie plausibel ist die Nachricht? Was müsste alles der Fall sein, damit diese Nachricht wahr sein kann? Denken wir an Verschwörungstheorien: Angenommen, dass Obama nicht aus den USA stammt: Was müsste noch alles der Fall sein? Wer müsste alles in die Sache verstrickt sein? Wer müsste alles dichthalten? Seit wann müsste die Täuschung geplant gewesen sein?
2. Werden Quellen angegeben? Quellen sind sämtliche Personen und Orte, von denen Informationen stammen, also beispielsweise Interviewte, Agenturen, Archive, Sammlungen und offizielle Dokumente. Lassen sich entsprechende Quellen auffinden und verifizieren?
3. Wie gut sind die Quellen? Stammen die Informationen von Interessengruppen oder anderen voreingenommenen Personenkreisen? Oder stammen sie beispielsweise von unabhängigen Forschungseinrichtungen?
4. Deckt sich die Nachricht mit anderen Berichten zum Vorfall? Gibt es im Idealfall verschiedene seriöse Nachrichtenseiten oder Zeitungen, die ihre Berichte auf voneinander unabhängige Quellen stützen, aber dennoch zum selben Ergebnis kommen?
5. Wurden Gegendarstellungen veröffentlicht? Was sagen Faktencheck-Seiten zu der Nachricht?

Die Antworten auf diese Fragen lassen darauf schließen, ob es sich um eine falsche oder irreführende Nachricht handelt. Bei unplausiblen Nachrichten, also Nachrichten ganz ohne oder mit merkwürdigen Quellen, die sich nicht an anderer Stelle wiederfinden oder sogar durch Faktenchecker als Fake News identifiziert worden sind, sollten die Alarmglocken schrillen.

Auf ähnliche Weise können wir die Wahrhaftigkeit des Verfassers in den Blick nehmen. Auch hier müssen wir uns auf die Suche nach Indizien begeben. Menschen kann man immer nur vor den Kopf schauen, nicht hinein: »Die Gedanken sind frei!« Wie genau es jemand mit der Wahrheit nimmt, ist nicht immer offenkundig.

Zum Glück bedeutet das nicht, dass wir Fake News überhaupt nicht erkennen können. Häufig gibt es nämlich Anhaltspunkte für die Absichten und Einstellungen anderer Menschen. Denken wir an einen Mordprozess, in dem es gilt, die Motive einer Angeklagten herauszufinden. Wenn man weiß, dass die Angeklagte bankrott und die einzige Erbin des reichen Opfers ist, liefern diese Erkenntnisse einen starken Anhaltspunkt für Habgier. Häufig kann man also etwas über die Absichten und Einstellungen von Menschen lernen, indem man sich ein Bild über die Umstände verschafft, unter denen sie gehandelt haben. Anhand solcher Indizien können wir vor Gericht Mörder überführen. Und anhand solcher Indizien können wir häufig mit großer Sicherheit feststellen, ob es jemandem an Wahrhaftigkeit mangelt. Die folgenden Fragen helfen dabei:

1. Ist überhaupt erkennbar, wer der Verfasser der Nachricht ist?
2. Hat der Verfasser eine journalistische Ausbildung? Ist er Wissenschaftler? Welche Expertise bringt er mit? Warum sollte man ihm trauen?
3. Wie viel Mühe gibt sich der Verfasser, seine Wahrhaftigkeit zu demonstrieren? Werden Quellen genannt? Wird erkennbar, welche Arten der Recherche der Ver-

fasser betrieben hat, um seine Informationen zusammenzutragen?
4. In welchem Medium wird die Nachricht verbreitet? Welchem *Code of Ethics* folgt es? Ist es vielleicht schon bekannt für die Verbreitung von Fake News und Falschmeldungen?
5. Für welche Medien arbeitet der Verfasser sonst noch? Sind sie seriös?

Im Fall eines Mordes ist das beste Indiz natürlich ein Geständnis. Interessanterweise gibt es etwas Ähnliches auch im Fall von Fake News. Es ist gängige Praxis, Fake-News-Seiten als Satireseiten zu tarnen. In solchen Fällen steht irgendwo kleingedruckt der Hinweis, dass die Seite satirische Inhalte verbreitet. Hat man gute Gründe zu der Annahme, dass es sich nicht tatsächlich um Satire handelt, darf dieser Hinweis als eine Art Geständnis betrachtet werden.

Faktenchecks – schwierig, aber nötig

Es ist nicht immer einfach, Fake News eigenständig zu entlarven. Deshalb arbeiten professionelle Faktenchecker unablässig daran, Fake News aufzudecken und dem unwahren Bild der Wirklichkeit eine korrekte Darstellung entgegenzusetzen.

Faktenchecks sind wichtige Säulen im Kampf gegen Fake News, weil sie Menschen in die Lage versetzen, Meldungen zu überprüfen und Fake News von Tatsachenberichten zu unterscheiden. Doch natürlich ist die Richtigstellung von

Fake News ein Kampf gegen Windmühlen. Sie in die Welt zu setzen, geht rasend schnell; sie zu entkräften, bedarf erheblicher Mühe.

Zudem erreichen Richtigstellungen diejenigen am wenigsten, die besonders aktiv in der Verbreitung von Fake News sind. Wir haben in Kapitel 3 gesehen, dass es tief sitzende psychische Mechanismen und die Funktionsweise der sozialen Medien sind, die die Verbreitung von Fake News begünstigen. Das Problem ist: Eben diese kognitiven Mechanismen immunisieren Menschen gegen die Richtigstellungen der Faktenchecker. Der Bestätigungsfehler und unsere Tendenz, kognitive Dissonanz zu vermeiden, sorgen dafür, dass wir Richtigstellungen, die uns nicht in den Kram passen, gar nicht oder kaum wahrnehmen, schnell vergessen und wenig glaubwürdig finden. Echokammern schirmen uns von Richtigstellungen ab. Konformitätsdruck macht es unattraktiv, sie zu teilen.

Im schlechtesten Fall kann es passieren, dass Faktenchecks die Situation sogar noch verschlimmern. In der Psychologie spricht man vom *Backfire-Effekt* – gemeint ist das Phänomen, dass Menschen sich in ihrer Meinung eher noch bestärkt fühlen, wenn sie mit einschlägiger Gegenevidenz konfrontiert werden.[5] Der Versuch der Richtigstellung »feuert zurück«. Ob dieser Effekt tatsächlich eine Rolle spielt und wie verbreitet er ist, ist in der Forschung umstritten.[6] Man kann jedoch annehmen, dass zumindest Menschen, die Faktenchecker als Teil der »Lügenpresse« betrachten, die Einordnung einer Meldung als Fake News eher als weiteres Indiz für deren Vertrauenswürdigkeit erachten. Warum sonst sollte die »Lügenpresse« versuchen, sie zu unterdrücken?

Außerdem wiederholen Faktenchecks in aller Regel die Fake News, die sie richtigstellen. Durch Wiederholung sickern sie jedoch noch tiefer ins Gedächtnis ein. Fake News sind typischerweise einfache und mit negativen Gefühlen verknüpfte Meldungen. Wie wir wissen, werden solche Meldungen eher wahrgenommen, schneller verbreitet und besser erinnert als die zumeist komplexen und rein sachlichen Richtigstellungen, die Faktenchecker ihnen entgegenstellen.[7]

Es kommt noch schlimmer. Denn was wiederholt wird, kommt Menschen vertraut vor. Und Vertrautheit verwechseln Menschen tendenziell mit Plausibilität. Das ist der Vertrautheitsbias, der uns bereits in Kapitel 3 begegnet ist.[8] Die Verbreitung von Fake News profitiert davon genauso wie Propaganda. Deren Geheimnis besteht dem nationalsozialistischen Propagandaminister Joseph Goebbels (1897–1945) zufolge darin, denjenigen, »den die Propaganda fassen will, ganz mit den Ideen der Propaganda zu durchtränken, ohne dass er überhaupt merkt, dass er durchtränkt wird«.[9]

Menschen unbemerkt mit Fake News und Propaganda zu durchtränken, ist einfach. Denn Menschen erinnern sich in der Regel auch dann noch an den Inhalt einer Meldung, wenn sie ihren Kontext und die Quelle schon längst vergessen haben. Sie erinnern sich also an die Fake News, aber nicht daran, dass der Kontext, in dem sie von ihr erfahren haben, eine Richtigstellung war. Anders ausgedrückt: Irgendetwas bleibt immer hängen. Eine Reihe von Studien hat einen solchen *Sleeper-Effekt* nachgewiesen.[10]

Faktenchecker sollten daher unbedingt auf drei Punkte achten:

1. Sie sollten Richtigstellungen über Kanäle lancieren, über die die wichtigsten Adressaten faktisch erreicht werden.
2. Faktenchecks sollten so aufbereitet sein, dass sie von den wichtigsten Adressaten als Richtigstellungen akzeptiert werden.
3. Die Faktenchecker sollten die Fake News selbst nicht prominent wiederholen.

Nur dann, wenn diese drei Punkte beachtet werden, können Faktenchecks ihre Funktion erfüllen.

Einfach löschen?

Statt Fake News aufwendig richtigzustellen, kann man sie natürlich auch einfach löschen. Facebook und Google gehen diesen Weg seit einiger Zeit. Doch auch dieses Vorgehen ist nicht unproblematisch.

Zum einen ist die Löschung von Fake News – wie ihre Richtigstellung – ein Kampf gegen Windmühlen. Solange die Verfasser keine rechtswidrigen Inhalte verbreiten, können sie rechtlich nicht belangt werden. Und solange der einzige Schaden in der Löschung der Inhalte besteht, ist die Hemmschwelle niedrig, einfach neue Inhalte hochzuladen. Außerdem sind viele Fake News nicht falsch, sondern irreführend. In solchen Fällen ist es besonders aufwendig, sie zu löschen.

Erinnern wir uns an die Meldung des Onlinemagazins *Breitbart*, der zufolge ein Mob eine Kirche in Brand gesetzt hat.[11] Diese Meldung wurde natürlich auch über Facebook verbreitet. Doch selbst wenn einleuchtet, dass die Wortwahl der Meldung dazu führt, dass Menschen sich ein falsches Bild von der Situation machen, ist es nicht so einfach, das auch eindeutig nachzuweisen. *Breitbart* vermeldete daher selbstbewusst, man sehe sich angesichts des Fake-News-Vorwurfs zu Unrecht einem Angriff durch das deutsche »Establishment« ausgesetzt. Zwar korrigiere man sich gern hinsichtlich der Behauptung, es habe sich um Deutschlands älteste Kirche gehandelt, stehe aber zu allen anderen Teilen des Artikels. *Breitbart* macht hier (ebenso korrekt wie zynisch) geltend, dass der Bericht in seinen Bestandteilen nicht falsch ist.

Erschwerend kommt hinzu, dass nicht jeder Fall auf so klare Weise in die Irre führt wie die *Breitbart*-Meldung. Häufig ist viel umstrittener, was genau eine Nachricht über den wörtlichen Inhalt hinaus impliziert. Es ist also ziemlich aufwendig, Fake News zuverlässig zu identifizieren, und selbst nach einer erfolgreichen Identifizierung besteht ein erhebliches Risiko, wegen umstrittener Zuordnungen in die Kritik zu geraten. Facebook hält sich daher mit Blick auf seinen Umgang mit Fake News aus nachvollziehbaren Gründen bedeckt.

Gegen eine Löschung spricht jedoch nicht nur der große Aufwand. Sie ist zudem eine Form der Zensur. Dieser Aspekt bringt viele Journalistenverbände gegen das NetzDG auf, mit dem in Deutschland gegen Fake News vorgegangen werden soll. Nicht immer ist vollkommen klar, ob eine Nachricht Fake News ist. Wenn es jedoch keine klaren Regeln für die Löschung von Beiträgen gibt, dann bekommen die sozialen Medien und andere Internetkonzerne ein Maß an Gestaltungsspielraum auf dem Marktplatz der Meinungen eingeräumt, das wir als Gesellschaft ihnen vielleicht nicht zubilligen sollten.

Diese Schwierigkeiten bedeuten jedoch nicht, dass man ganz darauf verzichten sollte, Fake News zu löschen. In klaren Fällen stellt die Löschung eines falschen oder irreführenden Beitrags häufig die beste Lösung dar. Offenkundig ist allerdings, dass es nicht ausreichen wird, Fake News allein mit Faktenchecks und Löschungen zu bekämpfen.

Was dann?

Was können wir also noch gegen Fake News tun? Wir haben drei Vorschläge. Alle drei sind ganz grundlegender Art. Anders als Faktenchecks und die Löschung von Fake News zielen sie nicht darauf ab, bereits kursierende Fake News zu bekämpfen, sondern setzen Maßnahmen auf die Agenda, von denen zu erwarten ist, dass sie einen Rückgang in der Verbreitung von Fake News nach sich ziehen.

Erste Maßnahme: Demokratische Streitkultur leben!

Der Philosoph und Ökonom John Stuart Mill (1806–1873) war in vielen Dingen seiner Zeit weit voraus. Das gilt auch für seine Kommentare zum (ökonomischen) Wert des Austauschs zwischen Menschen mit unterschiedlichen Standpunkten. Mill liest sich hier wie der Antragstext zu einem der vielen Projekte, die heutzutage versuchen, Andersdenkende miteinander ins Gespräch zu bringen. In seinen *Grundsätzen der Ökonomie* schreibt er:

> In einer Zeit, in der es um die menschliche Verfassung derart schlecht steht, ist es kaum möglich, zu unterschät-

zen, welchen Wert es hat, Menschen mit anderen Personen in Kontakt zu bringen, die ihnen unähnlich sind; und mit Denkmustern und Handlungsweisen, mit denen sie nicht vertraut sind. [...] Solche Kommunikation war schon immer, und das gilt ganz besonders für die gegenwärtige Zeit, eine der wichtigsten Quellen des Fortschritts.[12]

Mills Ausführungen treffen einen Nerv. In einer Zeit, in der sich mehr und mehr Menschen nicht länger der gesellschaftlichen Mitte zuordnen, sich Gräben verbreitern, der Rückzug in Echokammern einfacher wird und Fake News florieren, ist es wichtiger denn je, den gesellschaftlichen Dialog zu fördern.

Projekte, die sich dieser Aufgabe annehmen, gibt es online wie offline zuhauf. Die Politik hingegen bringt sich bisher eher verhalten ein. Dabei sollte jedem klar sein: Demokratie braucht eine lebendige Streitkultur und einen offenen Austausch über die politischen und weltanschaulichen Lager hinweg. Nur dadurch können in Demokratien gemeinsame Maßstäbe für eine gelungene Politik gefunden werden. Die Ausgrenzung und Marginalisierung von Menschen jenseits der politischen Mitte hat in einer solchen Kultur nichts zu suchen. Wir brauchen die konstruktive Auseinandersetzung.

Häufig wird an dieser Stelle der Einwand laut, mit Rechten dürfe man nicht reden – jetzt sei Kampf angesagt. Aus einer Reihe von Gründen ist diese Position allerdings problematisch. Zwei wollen wir herausgreifen.

Erstens ist in Deutschland die Polarisierung der Gesellschaft lange nicht so weit vorangeschritten wie in anderen

Ländern. Studien zeigen, dass die Gruppe derjenigen, die sich vollständig vom öffentlichen Diskurs abgekoppelt haben, verhältnismäßig klein ist. Dafür wird die Gruppe derjenigen größer, die offen für populistische Standpunkte sind.[13] Den Diskurs mit dieser Gruppe schon jetzt aufzugeben, wäre falsch. Man muss nicht mit allen reden, aber mit den allermeisten.

Zweitens gibt es auch gar keine bessere Alternative. Wie, wenn nicht durch Überzeugungsarbeit, sollte es denn gelingen, den gesellschaftlichen Trend umzukehren? Der Vorschlag, den Diskurs zu befördern, ist ja nicht gleichbedeutend mit dem Vorschlag, alle anderen Aktivitäten einzustellen. Natürlich sollen alle für ihre politischen Ideale kämpfen. Doch in einer Demokratie heißt »kämpfen« eben auch, Mehrheiten zu gewinnen. Eine Art zu kämpfen besteht darin, diejenigen, die den eigenen politischen Idealen noch nicht oder nicht mehr anhängen, von der eigenen politischen Vision zu begeistern. Nur durch den frühzeitigen Diskurs mit Andersdenkenden können wir verhindern, dass sich Echokammern bilden und verstetigen und dass sich zwischen gesellschaftlichen Gruppen sogar mit Blick auf einfache Tatsachen keine gemeinsame Diskussionsgrundlage mehr finden lässt.

Zweite Maßnahme: Kritisches Denken fördern!

Im Zusammenhang mit Fake News wird immer wieder der Ruf nach der Vermittlung von Medienkompetenz an Schulen laut. Woher bekommt man seriöse Nachrichten? Welche politische Linie haben die großen deutschen Tages- und Wochenzeitungen? Wie arbeiten Journalisten? Wie unterscheidet man guten von schlechtem Onlinejournalismus? In Zeiten von Desinformation und Digitalisierung darf es nicht möglich sein, in Deutschland einen Schulabschluss zu erwerben, ohne grundlegendes Wissen über die Mechanismen der »digitalisierten« Medienwelt erworben zu haben. Dazu gehört auch die Fähigkeit, Fake News zu erkennen, und ein Verständnis dafür, wie und warum Fake News in die Welt kommen. Dieses Buch liefert dazu einen Beitrag.

Ebenso wichtig wie der Erwerb einer generellen Medienkompetenz ist es, die Grundzüge unserer psychischen Bauweise und die vielen Biases kennenzulernen, die unser Denken und unsere Wahrnehmung beeinflussen. Die Wirkweise von Biases zu begreifen, fällt in den Bereich des sogenannten *kritischen Denkens* (»*critical thinking*«). In Deutschland ist es nahezu unmöglich, systematisch in diesem Bereich ausgebildet zu werden. Das ist eine Katastrophe. Denn im kritischen Denken geht es um die Stärkung ganz grundlegender analytischer Denkfähigkeiten. Wer kritisch denken gelernt hat, kann vernünftig mit Argumenten umgehen, Gründe gegeneinander abwägen, Evidenzen und Quellen bewerten, logische Fallstricke erkennen, Statistiken auswerten und – wie gesagt – Biases entgegenwirken. Diese Mechanismen zu verstehen, ist der erste Schritt, um sein eigenes Nutzungsverhalten sowohl der traditionellen als auch der sozialen Medien hinterfragen zu können.

Der Kognitionswissenschaftler David Rand und sein Team haben herausgefunden, dass zwischen der Fähigkeit zu analytischem Denken und der Fähigkeit, wahre von falschen Nachrichten zu unterscheiden, eine Korrelation besteht. Seine Studie mit 15 000 Mediennutzern zeigt: Je besser jemand im analytischen Denken ist, desto besser ist er auch darin, Fake News zu erkennen.[14] Wären größere Teile der Bevölkerung in kritischem Denken geschult, hätten Fake News also deutlich schlechtere Karten.

Dritte Maßnahme: Mechanismen »foolproof« gestalten

Natürlich können wir unsere Psychologie nicht grundlegend ändern. Wir werden immer dem Bestätigungsfehler aufsitzen, kognitive Dissonanz zu vermeiden suchen und eine Tendenz zur sozialen Anpassung und zum Tribalismus haben. Daher brauchen wir Mechanismen, Prozesse und Strukturen, die »foolproof« sind, uns also vor dem Schlimmsten bewahren, wenn wir selbst nicht fähig oder willens dazu sind. Kommunikationsmechanismen, Erkenntnisprozesse und Entscheidungsstrukturen müssen so gestaltet werden, dass sich unsere psychischen Abgründe nicht so ungünstig auswirken können, dass am Ende Fake News Politik machen.

Was kann das heißen? Wir können schließlich die Fernsehsender, Zeitungen, Nachrichtenseiten, Foren und Facebook-Gruppen, die tribalistische Echokammern befeuern, nicht verbieten. Die Strukturen, die Rechtspopulisten zynisch »Gegenöffentlichkeit« nennen, sind typischerweise von der Meinungsfreiheit gedeckt. Und die Meinungsfreiheit ist ohne Frage ein erhaltenswertes Gut, das entsprechend durch unser Grundgesetz geschützt wird. Das heißt aber auch: Solange es Menschen gibt, die Fake News konsumieren wollen, wird es immer Akteure geben, die bereit sind, vorhandene Technologien und Strukturen für ihre eigenen ökonomischen, politischen oder ideologischen Ziele und zum Schaden anderer auszunutzen.

Wir können jedoch versuchen, die Strukturen der sozialen Medien so zu verändern, dass sie uns zu wünschenswerterem Verhalten *nudgen*. *Nudging* ist eine Methode, das Verhalten von Menschen zu beeinflussen, ohne dabei auf Verbote zurückgreifen oder ökonomische Anreize verändern zu müssen. Wie könnte das aussehen?

Cass Sunstein wirbt für eine »Architektur des glücklichen Zufalls«.[15] Um Fake News etwas entgegenzusetzen und aus dem Teufelskreis aus Bestätigung, Vermeidung kognitiver Dissonanz, verschwörungstheoretischem Denken, Informations- und Konformitätskaskaden, Echokammern und Gruppenpolarisation auszubrechen, muss es möglich sein, auf Ideen und Themen zu stoßen, die man nicht gezielt ausgewählt hat. Eine Möglichkeit bestünde also zum Beispiel darin, den Newsfeed so zu verändern, dass unerwartete und mit unserem Weltbild nicht in Einklang stehende Meldungen attraktiver werden. Facebook könnte sagen: »Schau mal hier: Diese Meldung zu einem deiner Lieblingsthemen ist heute in anderen Teilen des sozialen Netzwerks besonders beliebt.« oder »Hier sind deine Nachrichten und so – schau mal – haben Medien aus anderen Teilen des politischen Spektrums den Fall aufgegriffen.«

Hört sich bevormundend an? Daran erkennt man schon, warum *Nudging* umstritten ist. Viele sehen darin einen unzulässigen Eingriff in die Freiheit von Menschen. Wir sollten allerdings bedenken, dass die derzeitigen Einstellungen ebenfalls von Facebook vorgegeben sind. Ähnlich, wie Städte, Universitäten oder Unternehmen aufgrund ihrer Architektur bestimmte Verhaltensweisen eher begünstigen oder erschweren, hat auch die Architektur der sozialen Medien Einfluss auf unser Nutzungsverhalten. Städte,

Universitäten, Unternehmen und soziale Medien weisen immer eine bestimmte Architektur auf – ob wir wollen oder nicht, ob zum Guten oder Schlechten. Wir tun daher gut daran, diese Architektur aktiv zu gestalten und darauf zu achten, welche Konsequenzen die Strukturen für unser Zusammenleben nach sich ziehen.

In den Mechanismen, die unser Medienverhalten steuern, liegt noch viel Gestaltungsraum. Dieser Raum muss genutzt werden. Zufällige Begegnungen mit Andersdenkenden müssen kein Zufall sein. Und Fake News müssen weder unsere Newsfeeds fluten noch Politik machen!

Anmerkungen

Der letzte Zugriff auf alle angegebenen Internetseiten erfolgte am 2. Dezember 2018.

Einleitung

1 Regina Krieger, »Lukratives Buch: Wie Sarrazin Millionär wurde«, 21. Mai 2012: https://www.handelsblatt.com/unternehmen/it-medien/lukratives-buch-wie-sarrazin-millionaer-wurde/6647994.html?ticket=ST-3467090-QnCrIdyhclCeawW9cQhH-ap1

2 Oskar Negt / Alexander Kluge, *Öffentlichkeit und Erfahrung*, Frankfurt a. M. 1972.

3 Otfried Jarren / Martina Vogel, »›Leitmedien‹ als Qualitätsmedien. Theoretisches Konzept und Indikatoren«, in: Roger Blum [u. a.] (Hrsg.), *Krise der Leuchttürme öffentlicher Kommunikation: Vergangenheit und Zukunft der Qualitätsmedien*, Wiesbaden 2011, S. 17–29.

4 Karine Barzilai-Nahon: »Gatekeeping: A Critical Review«, in: *Annual Review of Information Science and Technology* 43 (2009) S. 433–478.

5 Patrick Murray, »National: ›Fake News‹ Threat to Media; Editorial Decisions, Outside Actors at Fault«, Studie der University of Monmouth, 2. April 2018: https://www.monmouth.edu/polling-institute/documents/monmouthpoll_us_040218.pdf

6 Ipsos-Studie, »Das Misstrauen ist groß – Studie zu Vertrauen, Populismus und Politikverdrossenheit«, 26./27. September 2018: https://www.ipsos.com/sites/default/files/ct/news/documents/2018-09/ipsos-pi_populismus_sept2018.pdf

7 »The Highly-Anticipated 2017 Fake News Awards«, 17. Januar 2018: https://web.archive.org/web/20180118010005/https://gop.com/the-highly-anticipated-2017-fake-news-awards

8 Claire Wardle, »Fake News – Es ist kompliziert«, 17. März 2017: https://de.firstdraftnews.org/fake-news-es-ist-kompliziert

9 Marcus Schuler, »Kampf gegen Desinformation: ›Es ist kein Ende in Sicht‹«, 13. März 2018: https://faktenfinder.tagesschau.de/hintergrund/snopes-fake-news-101.html
10 Philip Howard, »Junk News and Bots During the German Federal Presidency Election: What Were German Voters Sharing Over Twitter?«, Projektbericht des Oxford Internet Institute, 26. März 2017: https://www.oii.ox.ac.uk/blog/junk-news-and-bots-during-the-german-federal-presidency-election-what-were-german-voters-sharing-over-twitter
11 »Disinformation and ›Fake News‹: Interim Report«, Bericht des House of Commons, Digital, Culture, Media and Sport Committee, 24. Juli 2018: https://publications.parliament.uk/pa/cm201719/cmselect/cmcumeds/363/363.pdf

1. Die Erfolgsgeschichte von Fake News

1 Carole Cadwalladr, »The Great British Brexit Robbery: How Our Democracy Was Hijacked«, 7. Mai 2017: https://www.theguardian.com/technology/2017/may/07/the-great-british-brexit-robbery-hijacked-democracy
2 Heather Stewart / Rowena Mason, »Nigel Farage's Anti-Migrant Poster Reported to Police«, 16. Juni 2016: https://www.theguardian.com/politics/2016/jun/16/nigel-farage-defends-ukip-breaking-point-poster-queue-of-migrants
3 »£ 350 m Brexit claim was ›too low‹, says Boris Johnson«, 16. Januar 2018: https://www.bbc.com/news/uk-42698981
4 »Yes. I mean, this is what makes covering Donald Trump so very difficult. What does he mean when he says words? Does he mean the words or does he mean something sort of like the words, you know? And it's been difficult to cover him as a journalist«, CNN-Interview mit Zachary Wolf, 14. Februar 2017: https://www.youtube.com/watch?v=fwod2IONRwU
5 Gregor Aisch [u. a.], »Dissecting the #PizzaGate Conspiracy Theories«, 10. Dezember 2016: https://www.nytimes.com/interactive/2016/12/10/business/media/pizzagate.html. Für Alex Jones' Behauptungen, dass *Pizzagate* wahr ist, s. »Alex

Jones: ›Pizzagate is real‹, 24. März 2017: https://www.youtube.com/watch?v=7DKqP1F5cVk

6 Emma Kirby, »The City Getting Rich From Fake News«, 5. Dezember 2016: https://www.bbc.com/news/magazine-38168281

7 »Was Donald Trump's Speech Too Dark? Newt Gingrich Clarifies Comments On Sharia Law«, Ausstrahlung von CNN am 22. Juli 2016: http://transcripts.cnn.com/TRANSCRIPTS/1607/22/nday.06.html

8 Mahita Gajanan, »Kellyanne Conway Defends White House's Falsehoods as ›Alternative Facts‹«, 22. Januar 2017: http://time.com/4642689/kellyanne-conway-sean-spicer-donald-trump-alternative-facts

9 »Rudy Giuliani: Truth isn't truth«, 20. August 2018: https://www.cnbc.com/video/2018/08/20/rudy-giuliani-truth-isnt-truth-trump-politics-meet-the-press.html

10 »TV-Debatte zur Berlin-Wahl: Die gefühlte Wahrheit der AfD«, 7. September 2016: http://www.spiegel.de/politik/deutschland/berlin-wahl-tv-debatte-die-gefuehlte-wahrheit-der-afd-a-1111239.html

11 Markus Wehner, »Russlands Informationskrieg: Unser Mädchen Lisa«, 31. Januar 2016: http://www.faz.net/aktuell/politik/russlands-informationskrieg-hat-angela-merkel-als-ziel-14043618.html

12 Anna-Lena Ripperger, »Russische Gerüchteküche? Macron sieht sich Homosexualitäts-Gerüchten ausgesetzt«, 8. Februar 2017: http://www.faz.net/aktuell/politik/ausland/russische-medien-verbreiten-geruechte-macron-sei-homosexuell-14867941.html

13 Lisa Hegemann, »Was hinter dem Cyberangriff auf konservative US-Institutionen steckt«, 21. August 2018: https://www.zeit.de/digital/datenschutz/2018–08/wahlbeeinflussung-cyberattacke-usa-republikaner-russland-analyse. Siehe auch: Michaela Wiegel, »Präsidentenwahl im Mai: Frankreich und die helfende Hand aus Moskau«, 31. März 2017: http://www.faz.net/aktuell/politik/wahl-in-frankreich/putins-einfluss-auf-den-wahlkampf-in-frankreich-14951674.html

14 Tatianna Amatruda, »That Trump Quote Calling Republicans ›the Dumbest Group of Voters‹? Fake!«, 10. November 2016: https://edition.cnn.com/2016/11/10/politics/trump-quote-facebook-trnd/index.html

15 Soroush Vosoughi [u. a.], »The Spread of True and False News Online«, in: *Science* 359 (2018) Nr. 6380, S. 1146–1151. Siehe auch: Craig Silverman, »This Analysis Shows How Viral Fake Election News Stories Outperformed Real News On Facebook«, 16. November 2016: https://www.buzzfeednews.com/article/craigsilverman/viral-fake-election-news-outperformed-real-news-on-facebook

16 Nicholas Thomson, »Exclusive: Facebook Opens Up About False News«, 23. Mai 2018: https://www.wired.com/story/exclusive-facebook-opens-up-about-false-news

17 Karsten Schmehl, »7 der 10 erfolgreichsten Artikel über Angela Merkel auf Facebook sind Fake News«, 26. Juli 2017: https://www.buzzfeed.com/de/karstenschmehl/die-top-fake-news-ueber-angela-merkel

18 Gesetz zur Verbesserung der Rechtsdurchsetzung in sozialen Netzwerken (NetzDG): https://www.gesetze-im-internet.de/netzdg/BJNR335210017.html

19 »Pakistans Verteidigungsminister droht Israel mit Nuklearschlag«, 26. Dezember 2016: https://www.zeit.de/politik/ausland/2016-12/fake-news-pakistan-israel-drohung-khawaja-asif

20 Annie Gowen, »As Mob Lynchings Fueled by WhatsApp Messages Sweep India, Authorities Struggle to Combat Fake News«, 2. Juli 2018: https://www.washingtonpost.com/world/asia_pacific/as-mob-lynchings-fueled-by-whatsapp-sweep-india-authorities-struggle-to-combat-fake-news/2018/07/02/683a1578–7bba-11e8-ac4e-421ef7165923_story.html

21 »Fakten statt Gerüchte: Das ist über das Tötungsdelikt in Chemnitz bisher bekannt«, 27. August 2018: https://www.mdr.de/sachsen/chemnitz/ergebnisse-fakten-pressekonfernez-chemnitz-messerstecherei-100.html

22 Zur Lüge als politisches Mittel siehe: Barbara Zehnpfennig,

»Nichts als die Unwahrheit«, 1. Dezember 2017: https://www.zeit.de/zeit-geschichte/2017/03/luegen-politik-geschichte-fake-news-wahrheit. Siehe auch: Simone Dietz, Die Kunst des Lügens, Stuttgart 2017.

23 Niccolò Machiavelli, *Der Fürst*, übers. von Philipp Rippel, Stuttgart 1968 [u. ö.]. (Reclams Universal-Bibliothek. 19258.)

24 Walther Hofer (Hrsg.), *Die Entfesselung des Zweiten Weltkriegs*, Berlin/Hamburg/Münster 2007.

25 »DCI Special Advisor Report on Iraq's WMD« (der sogenannte »Duelfer Report«), 2004: https://www.cia.gov/library/reports/general-reports-1/iraq_wmd_2004

26 Dov H. Levin, »A Vote for Freedom? The Effects of Partisan Electoral Interventions on Regime Type«, in: *Journal of Conflict Resolution* (2018).

27 Peter Mansoor, »Hybrid Warfare in History«, in: Williamson Murray / Peter Mansoor (Hrsg.), *Hybrid Warfare – Fighting Complex Opponents from the Ancient World to the Present*, New York 2012, S. 1–10.

28 David Mindich, *Just the Facts – How Objectivity Came to Define American Journalism*, London / New York 1998. Siehe auch: Michael Schudson, *Discovering the News: A Social History of American Newspapers*, New York 1981.

29 Robert Lichter, »Theories of Media Bias«, in: Kate Kenski / Kathleen Hall Jamieson (Hrsg.), *The Oxford Handbook of Political Communication*, Oxford 2017.

30 »Chruschtschow: Hephocapalytirosises«, 22. April 1964: http://www.spiegel.de/spiegel/print/d-46174539.html

2. Was sind Fake News?

1 Virgina Hale, »Revealed: 1,000-Man Mob Attack Police, Set Germany's Oldest Church Alight on New Year's Eve«, 3. Januar 2017: https://www.breitbart.com/london/2017/01/03/dortmund-mob-attack-police-church-alight

2 »Sweden to Trump: What Happened Last Night?«, 19. Februar 2017: https://www.bbc.com/news/world-us-canada-39020962

3 Glenn Kessler, »Not Just Misleading. Not Merely False. A Lie«, 22. August 2018: https://www.washingtonpost.com/politics/2018/08/23/not-just-misleading-not-merely-false-lie/?utm_term=.9bda59465b1e

4 Harry Frankfurt, »On Bullshit«, Princeton 2005. Zur Resistenz gegen Bullshit siehe auch: Philipp Hübl, *Bullshit-Resistenz*, Berlin 2018.

5 Harry Frankfurt, »Donald Trump Is BS, Says Expert in BS«, 12. Mai 2016: http://time.com/4321036/donald-trump-bs

6 Emma Jane Kirby, »The City Getting Rich From Fake News«, 5. Dezember 2016: https://www.bbc.com/news/magazine-38168281

7 Romy Jaster / David Lanius, »What is Fake News?«, in: *Versus* 127 (2018) Nr. 2; S. 207–224.

8 Amber Jamieson, »You Are Fake News: Trump Attacks CNN And Buzzfeed at Press Conference«, 11. Januar 2017: https://www.theguardian.com/us-news/2017/jan/11/trump-attacks-cnn-buzzfeed-at-press-conference

9 Gerhard Maletzke, »Propaganda. Eine begriffskritische Analyse«, in: *Publizistik* 17 (1972) Nr. 2, S. 157.

10 Zur Kartoffelkäferplage in der ehemaligen DDR siehe: Lars-Broder Keil / Sven Kellerhoff, *Fake News machen Geschichte. Gerüchte und Falschmeldungen im 20. und 21. Jahrhundert*, Berlin 2017, S. 89–112.

11 Karl Popper, *Die offene Gesellschaft und ihre Feinde*, Bd. II: Falsche Propheten. Hegel, Marx und die Folgen, Tübingen [7]1992, S. 119.

12 Wilhelm von Ockham, *Summe der Logik*, übers. von Peter Kunze, Hamburg 1984, S. 1, 12. Zu Klugers Kommentar siehe: Jeffrey Kluger, »Why So Many People Believe Conspiracy Theories«, 15. Oktober 2017: http://time.com/4965093/conspiracy-theories-beliefs

13 Michael Seufert, *Der Skandal um die Hitler-Tagebücher*, Frankfurt a. M. 2008.

14 Grant Gross, »Countries Consider Penalties For Spreading ›Fake News‹«, 4. April 2018: https://www.internetsociety.org/

blog/2018/04/countries-consider-penalties-spreading-fake-news
15 »Neuartiges Burkdl ermöglicht strenggläubigen Musliminnen Oktoberfestbesuch«, 26. September 2016: https://www.der-postillon.com/2016/09/burkdl-oktoberfest.html
16 Chris McGreal, ›Iranian News Agency Fars Reports Onion Article on Ahmadinejad as Actual News«, 28. September 2012: https://www.theguardian.com/world/us-news-blog/2012/sep/28/iran-fars-reports-onion-article-ahmadinejad
17 Michael Haller, »Die ›Flüchtlingskrise‹ in den Medien – Tagesaktueller Journalismus zwischen Meinung und Information«, 21. Juli 2017: https://www.otto-brenner-stiftung.de/wissenschaftsportal/informationsseiten-zu-studien/studien-2017/die-fluechtlingskrise-in-den-medien
18 »Medienmagazin ›Zapp‹: Wir schaffen – was? Bilanz nach einem Jahr Flüchtlingsberichterstattung«, 9. August 2016: https://www.ndr.de/der_ndr/presse/mitteilungen/Medienmagazin-Zapp-Wir-schaffen-was-Bilanz-nach-einem-Jahr-Fluechtlingsberichterstattung,pressemeldungndr17488.html
19 »Entschuldigung in eigener Sache: Frankfurt: Keine ›mobartigen Übergriffe‹ an Silvester«, 14. Februar 2017: https://www.bild.de/news/inland/news-inland/in-eigener-sache-keine-mobartigen-uebergriffe-50428332.bild.html
20 Joachim Huber, »›Bild‹-Chef Julian Reichelt: ›Mein Anspruch: ›Bild‹ als ehrlichstes Medium Deutschlands‹«, 16. Februar 2017: https://www.tagesspiegel.de/medien/bild-chef-julian-reichelt-mein-anspruch-bild-als-ehrlichstes-medium-deutschlands/19396996.html
21 Johannes Hohlfeld (Hrsg.), *Die Zeit der nationalsozialistischen Diktatur*, Bd. V, Berlin 1953, S. 74–81: Ansprache Adolf Hitlers, Aufz. Generaladmiral Boehm vom 22. August 1939: https://www.ns-archiv.de/krieg/1939/22-08-1939-boehm.php

3. Warum Fake News leichtes Spiel haben

1 Lee McIntyre, *Post-Truth*, Cambridge 2018, S. 63 ff.
2 Peter Illetschko, »Was die Wissenschaft gegen Fake-News tun kann«, 15. Dezember 2017: https://derstandard.at/2000070461962/Was-die-Wissenschaft-gegen-Fake-News-tun-kann
3 Herbert Simon, »Designing Organizations for an Information-rich World«, in: Martin Greenberger (Hrsg.), *Computers, Communications, and the Public Interest*, Baltimore 1971, S. 38–52. [Übers. R. J. /D. L.]
4 Roy Baumeister [u. a.], »Bad is Stronger Than Good«, in: *Review of General Psychology* 5 (2001) Nr. 4, S. 323–370; Benjamin Hilbig, »Sad Thus True: Negativity Bias in Judgments of Truth«, in: *Journal of Experimental Social Psychology* 45 (2009) Nr. 4, S. 983–986; Paul Rozin / Edward Royzman, »Negativity Bias, Negativity Dominance, and Contagion«, in: *Personality and Social Psychology Review* 5 (2001) Nr. 4, S. 296–320.
5 Kalev Leetaru, »Culturomics 2.0: Forecasting Large-scale Human Behavior Using Global News Media Tone in Time and Space«, in: *First Monday* 16 (2011) Nr. 9: https://firstmonday.org/article/view/3663/3040
6 Amos Tversky / Daniel Kahneman, »Judgment Under Uncertainty: Heuristics and Biases«, in: *Science, New Series* 185 (1974) Nr. 4157, S. 1124–1131.
7 Peter Wason, »Reasoning About a Rule«, in: *Quarterly Journal of Experimental Psychology* 20 (1968) S. 273–281. Zu den Folgestudien siehe den Überblicksartikel: Margit Oswald / Stefan Grosjean, »Confirmation bias«, in: Rüdiger Pohl (Hrsg.), *Cognitive Illusions: A Handbook on Fallacies and Biases in Thinking, Judgement and Memory*, Hove / New York 2004, S. 79–96.
8 Leon Festinger, *Theorie der Kognitiven Dissonanz*, Bern 2012.
9 Emily Pronin, »Perception and Misperception of Bias in Human Judgment«, in: *Trends in Cognitive Sciences* 11 (2007) Nr. 1, S. 37–43. Siehe auch: Dan Kahan, »Ideology, Motivated Reasoning,

and Cognitive Reflection«, in: *Judgment and Decision Making* 8 (2013) Nr. 4, S. 407–424.

10 Michael Butter, »*Nichts ist, wie es scheint*«. *Über Verschwörungstheorien*, Berlin 2018.

11 Viren Swami [u. a.], »Analytic Thinking Reduces Belief in Conspiracy Theories«, in: *Cognition* 133 (2014), S. 572–585. Siehe auch: Michael Bronstein [u. a.], »Belief in Fake News is Associated with Delusionality, Dogmatism, Religious Fundamentalism, and Reduced Analytic Thinking«, in: *Journal of Applied Research in Memory and Cognition* (2018) S. 1–10.

12 Alexander Sängerlaub [u. a.], »Fakten statt Fakes: Verursacher, Verbreitungswege und Wirkungen von Fake News im Bundestagswahlkampf 2017«, in: Abschlussbericht der *Stiftung Neue Verantwortung*, März 2018: https://www.stiftung-nv.de/sites/default/files/snv_fakten_statt_fakes.pdf

13 Vidya Narayanan [u. a.], »Polarization, Partisanship and Junk News Consumption over Social Media in the US«, Projektbericht des *Oxford Internet Institute*, 6. Februar 2018: https://comprop.oiiox.ac.uk/research/polarization-partisanship-and-junk-news

14 Cass Sunstein, *On rumors. How falsehoods spread, why we believe them, and what can be done*, Princeton 2014, S. 14 ff.

15 Matthew Salganik [u. a.], »Experimental Study of Inequality and Unpredictability in an Artificial Cultural Market«, in: *Science* 311 (2006) S. 854–856. Siehe auch: Matthew Salganik / Duncan Watts, »Leading the Herd Astray: An Experimental Study of Self-fulfilling Prophecies in an Artificial Cultural Market«, in: *Social Psychology Quarterly* 71 (2008) Nr. 4, S. 338–355.

16 John Burnham, »Medical Practice à la Mode: How Medical Fashions Determine Medical Care«, in: *New England Journal of Medicine* 317 (1987) Nr. 19, S. 1220 f.

17 Solomon Asch, »Effects of Group Pressure on the Modification and Distortion of Judgments«, in: Harold Guetzkow (Hrsg.), *Groups, leadership and men*, Pittsburgh 1951, S. 177–190; S. A., *Social Psychology*, Englewood Cliffs 1952; S. A., »Opinions and Social Pressure«, in: *Scientific American* 193 (1955) Nr. 5, S. 31–35; S. A., »Studies of Independence and Conformity. A Minority of

One Against a Unanimous Majority«, in: *Psychological Monographs* 70 (1956), Nr. 9, S. 1–70.

18 Zu jüngeren Studien zum Phänomen der sozialen Konformität siehe folgenden Forschungsüberblick: Robert Cialdini / Noah Goldstein, »Social Influence: Compliance and Conformity«, in: *Annual Review of Psychology* 55 (2004), S. 591–621.

19 Emilio Ferrara [u. a.], »The Rise of Social Bots«, in: *Communications of the ACM* 59 (2016) Nr. 7, S. 96–104.

20 Janet Sniezek / Rebecca Henry, »Accuracy and Confidence in Group Judgment«, in: *Organizational Behavior and Human Decision Processes* 43 (1989) Nr. 1, S. 1–28.

21 Diana Mutz, *Hearing the Other Side: Deliberative Versus Participatory Democracy*, Cambridge 2006.

22 Cass Sunstein, »The Law of Group Polarization«, in: *Journal of Political Philosophy* 10 (2002) Nr. 2, S. 175–195.

23 Daniel Isenberg, »Group Polarization: A Critical Review and Meta-Analysis«, in: *Journal of Personality and Social Psychology* 50 (1986) Nr. 6, S. 1141.

24 Eli Pariser, *The Filter Bubble. What the Internet is Hiding From You*, New York 2011.

25 Jannis Brühl [u. a.], »Der Facebook-Faktor – Wie das soziale Netzwerk die Wahl beeinflusst«: https://gfx.sueddeutsche.de/apps/e502288/www/

26 Eytan Bakshy [u. a.], »Exposure to Ideologically Diverse News and Opinion on Facebook«, in: *Science* 348 (2015) Nr. 6239, S. 1130–1132.

27 Frederik Zuiderveen Borgesius [u. a.], »Should We Worry About Filter Bubbles?«, in: Internet Policy Review. Journal on Internet Regulation 5 (2016) Nr. 1.

28 Dan Kahan / Donald Braman, »Cultural Cognition of Public Policy«, in: *Yale Journal of Law and Public Policy* 24 (2006) S. 147–170.

29 John Bullock [u. a.], »Partisan Bias in Factual Beliefs about Politics«, in: *Quarterly Journal of Political Science* 10 (2015) S. 519–578.

30 Michael Seemann, »Digitaler Tribalismus und Fake News«,

29. September 2017: http://www.ctrl-verlust.net/digitaler-tribalismus-und-fake-news

31 Daniel Kahneman, *Schnelles Denken, Langsames Denken*, München 2012.

32 Thomas Miller / Adele Leon, »Introduction to Special Issue on Literacy, Democracy, and Fake News: Making it Right in the Era of Fast and Slow Literacies«, in: *Literacy in Composition Studies* 5 (2017) Nr. 2, S. 10–23.

4. Wie Fake News Politik machen

1 Kristin Becker, »AfD teilt falsches Antifa-Foto. Fake? Egal! ›Es geht um die Message‹«, 20. Juli 2017: https://web.archive.org/web/20180330201709/http://faktenfinder.tagesschau.de/inland/falsches-antifa-foto-101.html

2 Jason Stanley, *How Propaganda Works*. Princeton 2015.

3 Hannah Arendt, *Zur Zeit – Politische Essays*, München 1989, S. 29.

4 Patrick Gensing, »Vergewaltigungen in Chemnitz: Stimmungsmache mit falschen Zahlen«, 6. September 2018: https://faktenfinder.tagesschau.de/inland/chemnitz-falsche-zahlen-vergewaltigungen-101.html

5 Thomas Gutschker, »Der Kreml und die Wahrheit: Putins Lügen«, 22. Juni 2014: http://www.faz.net/aktuell/politik/ausland/der-kreml-und-die-wahrheit-putins-luegen-13002460.html

6 Patrick Beuth [u. a.], »Krieg ohne Blut«, 23. Februar 2017: https://www.zeit.de/2017/09/bundestagswahl-fake-news-manipulation-russland-hacker-cyberkrieg

7 Thomas Boghardt, »Soviet Bloc Intelligence and Its AIDS Disinformation Campaign«, in: *Studies in Intelligence* 53 (2009) Nr. 4: https://www.cia.gov/library/center-for-the-study-of-intelligence/csi-publications/csi-studies/studies/vol53no4/pdf/U-%20Boghardt-AIDS-Made%20in%20the%20USA-17Dec.pdf

8 Ulrik Franke, »War by Non-military Means: Understanding Russian Information Warfare«, Bericht des *Russia Studies*

Programme der *Swedish Defence Research Agency*, 18. Februar 2015: https://dataspace.princeton.edu/jspui/bitstream/88435/dsp019c67wq22q/1/foir_4065.pdf

9 Richard Fletcher [u. a.],. »Measuring the Reach of ›Fake News‹ and Online Disinformation in Europe«, in: *Reuters Institute Factsheet* (2018). Siehe auch: Christopher Nehring, »Russische (Des-)Informationspolitik. Bruch oder Kontinuität?«, in: *Zeitschrift für Außen-und Sicherheitspolitik* 10 (2017) Nr. 4, S. 441–451.

10 Christopher Paul / Miriam Matthews, »The Russian ›Firehose of Falsehood‹ Propaganda Model«, Studie von RAND (2016): https://www.rand.org/content/dam/rand/pubs/perspectives/PE100/PE198/RAND_PE198.pdf

11 Naomi Oreskes / Erik Conway, *Merchants of Doubt. How a Handful of Scientists Obscured the Truth on Issues From Tobacco Smoke to Global Warming*, London 2012.

12 Chris Cillizza, »Donald Trump Just Said Something Truly Terrifying«, 25. Juli 2018: https://edition.cnn.com/2018/07/25/politics/donald-trump-vfw-unreality

13 Alexander Smith / Vladimir Banic, »Fake News: How a Partying Macedonian Teen Earns Thousands Publishing Lies«, 9. Dezember 2016: https://www.nbcnews.com/news/world/fake-news-how-partying-macedonian-teen-earns-thousands-publishing-lies-n692451. Siehe auch: Samanth Subramanian, »Inside the Macedonian Fake-News Complex«, 15. Februar 2017: https://www.wired.com/2017/02/veles-macedonia-fake-news

14 Andrew Higgins [u. a.], »Inside a Fake News Sausage Factory: ›This Is All About Income‹«, 25. November 2016: https://www.nytimes.com/2016/11/25/world/europe/fake-news-donald-trump-hillary-clinton-georgia.html

15 Alexander Sängerlaub [u. a.], »Fakten statt Fakes: Verursacher, Verbreitungswege und Wirkungen von Fake News im Bundestagswahlkampf 2017«, Abschlussbericht der *Stiftung Neue Verantwortung*, März 2018: https://www.stiftung-nv.de/sites/default/files/snv_fakten_statt_fakes.pdf

16 Andrew Guess [u. a.], »Selective Exposure to Misinformation: Evidence From the Consumption of Fake News During the 2016

U. S. Presidential Campaign«, Studie der *University of Dartmouth, University of Princeton* und *University of Exeter*, Januar 2018: https://www.dartmouth.edu/~nyhan/fake-news-2016.pdf

17 Vidya Narayanan [u. a.], »Polarization, Partisanship and Junk News Consumption over Social Media in the US«, Artikel des *Oxford Internet Institute*, 6. Februar 2018: https://comprop.oii.ox.ac.uk/research/polarization-partisanship-and-junk-news

18 Jonathan Haidt, *The Righteous Mind: Why Good People are Divided By Politics and Religion*, New York 2012. Siehe auch: Jesse Graham [u. a.], »Moral Foundations Theory: The Pragmatic Validity of Moral Pluralism«, in: *Advances in Experimental Social Psychology* 47 (2013) S. 55–130.

5. Was tun?

1 Robert Vehrkamp / Wolfgang Merkel, »Populismusbarometer 2018«, Studie der *Bertelsmann-Stiftung*, 1. Oktober 2018: https://www.bertelsmann-stiftung.de/fileadmin/files/BSt/Publikationen/GrauePublikationen/ZD__Studie_Populismusbarometer_2018.pdf

2 Marie-Helen Maras / Alex Alexandrou, »Determining Authenticity of Video Evidence in the Age of Artificial Intelligence and in the Wake of Deepfake Videos«, in: *The International Journal of Evidence & Proof* (2018), Online first.

3 Stephen Kurczy, »Three Ways to Fight Fake News«, Artikel der *Columbia Business School*, 2. August 2018: https://www8.gsb.columbia.edu/articles/ideas-work/three-ways-fight-fake-news

4 »Fake News erkennen«, Tutorial, 20. April 2017: http://faktenfinder.tagesschau.de/tutorials/fakenews-erkennen-tutorial-101.html

5 Brendan Nyhan / Jason Reifler, »When Corrections Fail: The Persistence of Political Misperceptions«, in: *Political Behavior* 32 (2010) Nr. 2, S. 303–330.

6 Thomas Wood / Ethan Porter, »The Elusive Backfire Effect: Mass Attitudes' Steadfast Factual Adherence«, in: *Political Behavior*, 16. Januar 2018: https://ssrn.com/abstract=2819073

7 Daniel Funke / Alexios Mantzarlis, »What Does Research Say About Fact-checking? Find Out in Our New Database«, Beitrag des *International Fact-checking Network* des *Poynter Institute,* 25. Januar 2018: https://www.poynter.org/news/what-does-research-say-about-fact-checking-find-out-our-new-database

8 Amos Tversky / Daniel Kahneman, »Judgment under Uncertainty: Heuristics and Biases«, in: *Science, New Series* 185 (1974) Nr. 4157, S. 1124–1131.

9 Joseph Goebbels' Rede vom 25. 3. 1933, in: Cornelia Schmitz-Berning, *Vokabular des Nationalsozialismus,* Berlin / New York 2000, S. 479.

10 Alice Hendrickson Eagly / Shelly Chaiken, *The Psychology of Attitudes,* Fort Worth 1993. Siehe auch: Noel Capon / James Hulbert, »The Sleeper Effect. An Awakening«, in: *Public Opinion Quarterly* 37 (1973), S. 333.

11 Virgina Hale, »Revealed: 1,000-Man Mob Attack Police, Set Germany's Oldest Church Alight on New Year's Eve«, 3. Januar 2017: https://www.breitbart.com/london/2017/01/03/dortmund-mob-attack-police-church-alight

12 John Stuart Mill, *Principles of Political Economy,* London 1848, S. 594. [Übers. R. J. / D. L.]

13 Robert Vehrkamp / Wolfgang Merkel, »Populismusbarometer 2018«, Studie der *Bertelsmann-Stiftung,* 1. Oktober 2018. Siehe auch: Agnes Akkerman [u. a.], »How Populist Are the People? Measuring Populist Attitudes in Voters«, in: *Comparative Political Studies* 47 (2014) Nr. 9, S. 1324–1353.

14 Michael Bronstein [u. a.], »Belief in Fake News is Associated with Delusionality, Dogmatism, Religious Fundamentalism, and Reduced Analytic Thinking«, in: *Journal of Applied Research in Memory and Cognition* (2018) S. 1–10.

15 Cass Sunstein, *#Republic. Divided Democracy in the Age of Social Media,* Princeton/Oxford 2017. Siehe auch: Christina Pazzanese, »Danger in the Internet Echo Chamber«, 21. März 2017: https://news.harvard.edu/gazette/story/2017/03/cass-sunsteins-republic-explores-dangers-of-social-media-curation

Kleines Glossar

Der **Bestätigungsfehler** ist die systematische Neigung, Informationen so zu sammeln, zu erinnern und zu interpretieren, dass sie gut zu den bestehenden Überzeugungen oder Erwartungen passen.

Ein **Bias** ist eine systematische Neigung zu Wahrnehmungs-, Erinnerungs-, Denk- und Urteilsfehlern.

Bullshit sind Aussagen, die mit einer völligen Gleichgültigkeit gegenüber ihrer Wahrheit oder Falschheit in die Welt gesetzt werden.

Desinformation ist Falschinformation, die absichtlich verbreitet wird.

Digitaler Tribalismus ist die Praxis, sich selbst als Individuum und seine Sichtweise auf die Welt in Beziehung zu konkreten, selbst gewählten Bezugsgruppen (»Stämmen«) im Internet zu definieren.

Echokammern sind Umgebungen, in denen Überzeugungen und Einstellungen durch den (fast) ausschließlichen Austausch zwischen Gleichgesinnten verstärkt und entsprechende Weltbilder verengt werden.

Fake News sind Berichte, die entweder falsch oder irreführend sind und von Menschen verbreitet werden, die entweder eine Täuschungsabsicht verfolgen oder der Wahrheit gegenüber gleichgültig sind.

Faktenchecking ist die journalistische Überprüfung von Aussagen anhand rationaler und objektiver Kriterien bezüglich ihrer Übereinstimmung mit den Fakten.

Gatekeeper sind Personen oder Institutionen, die darüber entscheiden können, welche Nachrichten in den Medien erscheinen.

Gruppenpolarisation ist das Phänomen, dass die Ansichten von Individuen nach einer Diskussion in der Gruppe extremer als vorher sind.

Eine **Informationskaskade** entsteht dann, wenn in einer Gruppe jeder Einzelne seine eigenen Überzeugungen an den Überzeugungen der (angenommenen) Gruppenmeinung ausrichtet.

Kognitive Dissonanz ist ein unangenehmer Gefühlszustand, der dadurch entsteht, dass mehrere Kognitionen (wie Gedanken, Einstellungen, Wünsche oder Absichten) nicht miteinander vereinbar sind.

Eine **Konformitätskaskade** entsteht dann, wenn in einer Gruppe jeder Einzelne sein eigenes Verhalten an dem (wahrgenommenen) Verhalten der übrigen Gruppenmitglieder ausrichtet.

Kritisches Denken ist die Fähigkeit, sich bewusst und selbstständig Urteile nach rationalen Kriterien zu bilden, so dass logische Fehlschlüsse und kognitive Verzerrungen (Biases) minimiert werden.

Leitmedien zeichnen sich dadurch aus, dass ihnen eine zentrale Funktion in der Konstitution gesellschaftlicher Kommunikation und von Öffentlichkeit zukommt.

Eine **Lüge** ist eine Aussage, die der Lügner für falsch hält und mit der Absicht äußert, dass das Gegenüber sie dennoch glaubt.

Der **Medienbias** ist ein Bias, dem Medienvertreter bei der Auswahl, Erfassung und Darstellung von Ereignissen unterliegen, wenn ihre Berichterstattung durch ihre Weltsicht verzerrt ist.

News sind Berichte über typischerweise jüngste Ereignisse, die sich an die Öffentlichkeit (oder eine Teilöffentlichkeit) richten und über die traditionellen oder sozialen Medien verbreitet werden.

Propaganda ist der geplante Versuch, durch Kommunikation die Meinungen, Einstellungen und Verhaltensweisen einer Zielgruppe unter politischer Zielsetzung zu beeinflussen.

Soziale Medien sind digitale Medien, die es Nutzern ermöglichen, sich im Internet untereinander auszutauschen und mediale Inhalte in einer definierten Gemeinschaft oder offen in der Gesellschaft zu erstellen und weiterzugeben.

Täuschungsabsicht ist die Absicht, bei jemandem falsche Überzeugungen über einen Sachverhalt hervorzurufen.

Traditionelle Medien bestehen primär aus Printmedien, Rundfunk und Fernsehen und zeichnen sich dadurch aus, dass sie Informationen ohne die Möglichkeit der direkten Interaktion vermitteln.

Verschwörungstheorien erklären Ereignisse, indem sie behaupten, dass gewisse Menschen oder Gruppen ein (zumeist verborgenes) Interesse am Eintreten besagten Ereignisses hatten (oder haben) und sich verschworen haben, um es herbeizuführen.

Der **Vertrautheitsbias** ist ein Bias, durch den man Ereignisse oder Informationen, die einem vertraut erscheinen, für wichtiger bzw. plausibler hält, als sie sind.

Zu den Autoren

ROMY JASTER ist wissenschaftliche Mitarbeiterin für Theoretische Philosophie an der Humboldt-Universität zu Berlin. Sie forscht zu Fähigkeiten und Willensfreiheit sowie zu Fake News und Postfaktizität.

DAVID LANIUS ist wissenschaftlicher Mitarbeiter am DebateLab des Karlsruher Instituts für Technologie (KIT). Er forscht zu Populismus, Fake News und den Möglichkeiten und Grenzen von konstruktivem Diskurs.

Gemeinsam betreiben sie den Think Tank **Forum für Streitkultur** und bemühen sich auch auf diese Weise um eine Verbesserung des öffentlichen und politischen Diskurses.

Danksagung

Für Kommentare zum Manuskript danken wir Kevin Auld, Philip Faigle, Philipp Hübl, Manuela Jaster, Kathrin Kazmaier, Geert Keil, Christian Kobsda, Jason Hölscher-Obermaier, Edith Pauckner und Gemina Picht. Wir danken außerdem den Teilnehmenden der Kolloquien von Gregor Betz in Karlsruhe, Gerhard Ernst in Erlangen und Christian Nimtz in Bielefeld für die Möglichkeit, Vorversionen einzelner Kapitel zur Diskussion zu stellen. Besonders viel haben wir auch Cass Sunstein zu verdanken, dessen Werke zu Gerüchten, Verschwörungstheorien und Meinungspolarisierung in den sozialen Medien unseren Blick auf Fake News stark geprägt haben.